U0781424

一门三院士
九子皆才俊

——梁启超和他的子女们

《一门三院士　九子皆才俊——梁启超和他的子女们》编委会　编著

国家图书馆出版社

图书在版编目（CIP）数据

一门三院士　九子皆才俊：梁启超和他的子女们 /《一门三院士　九子皆才俊：梁启超和他的子女们》编委会编著 . 一北京：国家图书馆出版社，2022.12（2024.12 重印）

ISBN 978-7-5013-7578-3

Ⅰ.①一… Ⅱ.①一… Ⅲ.①梁启超（1873-1929）-书信集 Ⅳ.①B259.11

中国版本图书馆CIP数据核字（2022）第171169号

书　　名	一门三院士　九子皆才俊——梁启超和他的子女们
著　　者	《一门三院士　九子皆才俊——梁启超和他的子女们》编委会　编著
责任编辑	王燕来　赵　嫄
重印编辑	闫　悦
装帧设计	文化·邱特聪

出版发行　国家图书馆出版社（北京市西城区文津街 7 号　100034）

　　　　　（原书目文献出版社　北京图书馆出版社）

　　　　　010-66114536 63802249　nlcpress@nlc.cn（邮购）

网　　址　http://www.nlcpress.com →投稿中心

印　　装　天津裕同印刷有限公司

版次印次　2022 年 12 月第 1 版　2024 年 12 月第 2 次印刷

开　　本　710×1000　1/16

印　　张　15.5

字　　数　140 千字

书　　号　ISBN 978-7-5013-7578-3

定　　价　48.00 元

版权所有　侵权必究

本书如有印装质量问题，请与读者服务部（010-66126156）联系调换。

编委会

指导机构：国家图书馆（国家古籍保护中心）

顾　　问：颜海娜

主　　编：陈桂霞

执行主编：郑小悠　冯　坤　石任之

编　　委：李卓邦　陈瑞全　黄维新

　　　　　林逢展　观志勇　刘江卉

　　　　　郑小悠　冯　坤　石任之

前　言

　　梁启超是中国近代史上的杰出人物，在变法维新、思想启蒙、学术研究等领域成就斐然。生活在中华民族灾难深重的年代，面对"数千年未有之大变局"，他带着救国家民族于危亡的强烈责任感，用充满感情的健笔扣动国人心弦，用毕生精力塑造热爱国家、急公好义、崇尚自由、遵纪守法、强健体魄、一心向上的中国"新民"。他不仅引领时代潮流，鼓励全国青年，还将自己的感情润泽在家庭当中，将治学理念传递给子女，培养、教育出满门才俊。

　　梁启超出生在广东新会，朴实醇厚、兴文重教的良好家风，对他的人格塑造与人生经历产生了重大影响，也是他爱国爱家、教子育女的思想根基。今天，让这个以梁启超为核心，在新会生根发芽、开花结果，又走向世界的杰出大家庭重回家乡，作为当代人构建幸福家庭、建立和谐亲子关系的生活指南，既有重大意义，又极为实用。为此，我们编写了《一门三院士　九子皆才俊——梁启超和他的子女们》这部小书，供家长和孩子们共同阅读，学习交流。

本书分为两大部分。第一部分概述梁启超家乡家族、妻子儿女的基本情况，总结新会梁氏的家风传承、教子方法及其对今人的启发借鉴。第二部分收录梁启超家书四十二篇，按内容分为"家国情怀""立志从学""人生百味""爱与家庭"四章，章前有导读，每篇有注释、解析，帮助读者深入了解家书的写作背景、相关知识与主旨精神。全书配以历史照片，图文并茂，通俗易懂，满足普通读者，特别是中小学生的阅读需求。全书的编写注重文学性与人文情怀，给读者带来充满爱与美的阅读体验，既可为家长提供了解子女、学做父母的有益参考，又是引导孩子修身立志、勤学报国的入门之径。

家是最小国，国是千万家。家风是一个家族在长期延续过程中形成并世代相传、代代遵循的价值准则。习近平总书记高度重视中华优秀家风历史文化资源的赓续弘扬，他在 2015 年春节团拜会上曾明确指出："家庭是社会的基本细胞，是人生的第一所学校。不论时代发生多大变化，不论生活格局发生多大变化，我们都要重视家庭建设，注重家庭、注重家教、注重家风……"2022 年 6 月，习近平总书记在四川眉山三苏祠考察时再次强调："家风家教是一个家庭最宝贵的财富，是留给子孙后代最好的遗产。要推动全社会注重家庭家教家风建设，激励子孙后代增强家国情怀，努力成长为对国家、对社会有用之才。"

本书的编写与出版，是我们从新会梁氏优秀家风中汲取精华，结合新时代要求，对其进行创造性转化与创新性发展的积极实践。我们希望以此激活中华优秀传统家风的生命力，为新时代家风建设提供滋养；更希望读者能以此为契机，进一步树立爱祖国、爱家乡、敬先贤的文化自信，在亲子教育中重言传、重身教，营造千千万万个美满家庭，让梁氏家风所代表的中华民族传统美德，生生不息，代代传扬。

《一门三院士　九子皆才俊——梁启超和他的子女们》编委会

2022 年 11 月

目 录

第一章　家乡·家庭·家风

第二章　　家国情怀

第三章　　立志从学

第四章　　人生百味

第五章　　　爱与家庭

参考文献

家乡·家庭·家风

梁启超与新会梁氏

中国近代史上的名门望族很多，但像梁启超家族这样光彩耀眼的，也实在罕见。梁启超的儿女中，走出了中国建筑学的宗师，走出了中国现代考古学的开拓者，走出了中国导弹运载火箭控制系统领域创始人，也走出了民族解放先锋、著名图书馆学家、文史学者、经济学学者，以及虽然隐没在历史长河之中，但依然拥有传奇经历、焕发出生命光彩的第十九路军爱国军官和新四军战士。

在惊叹羡慕之余，我们不免要去探索一下究竟。毕竟，在关注家庭教育、培养子女成人成才的问题上，历史与现实之间高度相通。家庭是人一生中最早从属的群体，也是一生中从属时间最长的群体。家庭给予孩子生活能力的培养、情感的安抚、知识的传授、道德的熏陶，为他的人生发展奠定最重要的基础。我们每个人都有家庭，都须从家庭走向社会。因此，作为政治家、思想家的梁启超或许遥不可及，但作为丈夫和父亲的梁启超，却能迅速融入当代人的精神生活。在这样的视角下，我们读历史就是读当下，读伟人也是读自己。梁启超爱家教子、培养出满门才俊的成功实践，或许能给读者提供有益的启示与借鉴。

1. 梁启超其人

梁启超生于 1873 年，字卓如，号任公，又号饮冰室主人、中国之新民等，广东新会人。他自幼聪明绝伦，12 岁中秀才，17 岁中举人，后拜在康有为门下，学习中外历史政治得失，为变法维新打下理论基础。

光绪二十一年（1895），北洋水师在甲午海战中全军覆没，清政府被迫与日本签订丧权辱国的《马关条约》。在这样沉痛危急的历史时刻，年仅 23 岁的梁启超登上了历史舞台。他协助康有为组织发动十八省举人联名"公车上书"，提出"拒和、迁都、练兵、变法"等政治主张，发起成立多个政治团体与新式学堂，创办多种新式报刊，翻译多种外文书籍，从传统的科举士子成长为大名鼎鼎的维新领袖。

1898 年 6 月 11 日，一心想雪耻自强的光绪皇帝颁布《明定国是诏》，开始维新变法。7 月，梁启超受到光绪帝召见。9 月，慈禧太后发动政变，维新运动历时百日即告失败，"戊戌六君子"惨遭杀害，康有为、梁启超流亡日本。

在此后的几年里，梁启超先

梁启超

后游历日本、澳洲、美洲，创办《清议报》
和《新民丛报》，将其作为宣传改良维新思想
的主阵地。他撰写大量文章，对中国思想界
产生重大影响，被人们誉为"舆论之骄子，
天纵之文豪"。

康有为

　　中华民国建立后，梁启超从日本回国，
成为政坛上的活跃人物。他以改良派为基础
组织进步党，先后担任司法总长和币制局总
裁。1915 年，得知袁世凯蓄意称帝，梁启超
发表《异哉所谓国体问题者》一文，反对变
更共和国体，并竭力支持学生蔡锷等发动护国战争。随后又
反对张勋复辟，并在段祺瑞内阁中短暂担任财政总长。

　　但是，在军阀纷争、国无宁日的北洋政府统治时期，"全
无城府，一团孩子气"的梁启超无法实现自己的政治抱负，遂
于 1917 年退出政坛。下野后的梁启超游历欧洲各国，回国后
则专心著述、四处讲学，并在清华学校、南开大学、京师图书
馆等重要文教机构担任要职。这一阶段，作为学者，梁启超的
研究更加纯粹严谨，文章更加深刻细致。即便如此，他也从不
因致力于学术而脱离现实，始终关切时弊，关注民生。他虽然
研究中国历史，但一直以取其精华、去其糟粕的心态看待传统
文化，从古代思想中寻找现代元素。因为始终抱有"迎接新世
运，开出新潮流"的研究志趣，梁启超对历史学、文学、哲学、
新闻学、政治学、经济学、法学、图书馆学等学科领域均有涉

猎，他的许多著作都成为后世研究者的必读书目。

1929 年 1 月 19 日，梁启超因肾病在北平逝世，终年 56 岁。他一生笔耕不辍，著述达一千五百多万字，在其生前就多次编辑印行。1936 年中华书局将梁启超的著作汇总出版，取名《饮冰室合集》。

2. 新会梁氏

梁启超的出生地是广东新会茶坑村。新会虽小，却是个不同凡响的地方，不但物产丰饶、名胜众多，且人文璀璨，是岭南学派和岭南琴派的发源地。梁启超一生敬仰的明代思想家陈献章，近代外交家伍廷芳、史学家陈垣、慈善家冯平山等都是新会人。

发生在这片土地上最重要的历史事件，是公元 1279 年的崖山海战。面对元军的正面进攻，南宋军队突围未果，全军覆没。丞相陆秀夫宁死不屈，背着 8 岁的小皇帝赵昺投海殉国，在中国历史上留下极为壮烈的一幕。梁启超故居就在崖山附近，年年清明，梁家人都要乘船由西江而下，经过那片著名的古战场祭祖扫墓。梁启超一生都将崖山视为故乡新会的荣光，崖山所昭示的对忠诚气节的推崇，给梁启超幼小的心灵留下不可磨灭

广东新会茶坑村

的印迹。

　　除新会崖山所代表的忠烈刚毅气质外，梁启超生长的广东，还具有开放自由、引领全国风气之先的特质。晚清、民国时期，对中国历史发展产生重大影响的人物，如洪秀全、康有为、孙中山等，均为广东人。成长于广东新会的梁启超，成为推动近代中国历史发展的重要人物，自有其历史之必然因素。

　　梁启超的高祖、曾祖以农耕为业。好学上进的祖父梁维清考取秀才，使这一家族的社会地位有了提升。祖父是梁启超最敬仰的亲人。他不但是家族中最有学识的长者，且为人诚孝仁慈，又热心公益，在乡里有很高的威望。他孝敬守寡的继母，对同父异母的兄弟一视同仁，均分财产。乡间有匪患时，他维持社会秩序，竭力保境安民。他通晓医理，平时为乡人治病，从不计较酬金，对特别贫困的患者还常常免费赠药。梁启超四五岁时，白天听祖父讲授"四书"、《诗经》，夜间与祖父同榻而眠。祖父特别重视子孙的道德教育，经常给孙辈讲述国家曾经遭受的苦难与英雄壮举，鼓励他们崇尚义理名节。可以说，梁维清是梁启超人格的最初塑造者。

梁启超的父亲梁宝瑛是本地教书先生，为人严谨，生活节俭，孝敬父母，爱护子侄。梁启超兄弟从六七岁起就在梁宝瑛执教的私塾读书，他们的学业根底、立身根基，多来自父亲的教诲。父亲对早慧的梁启超寄予厚望，批评他时常说："你难道要把自己当成一个平常的孩子吗？"除了教子读书外，父亲也继承了家族急公好义的传统美德，热心公益、调解纠纷、制止械斗、查禁赌博，深受乡民尊敬。

梁启超的母亲赵夫人出身书香之家，善于女红，并且识字，这在当时的乡间妇女中十分难得。赵夫人知书达理，四乡闻名，是本地妇女的榜样。族中凡是跟她学习过女红的姑娘，在谈婚论嫁时，都会获得"德性必佳"的赞誉。母亲是梁启超的启蒙老师，在他牙牙学语时就教他认字、背诵唐诗，母子间的感情十分深厚。赵夫人对子女非常慈爱，很少打骂，但对他们的品德要求极高。梁启超15岁在广州读书时，母亲因难产去世，梁启超没有来得及见上母亲最后一面，他为此抱憾终身，对母亲的教诲念念不忘。

总而言之，梁启超虽然生长在普通的乡村家庭，但家庭氛围温暖开明。对他影响最大的祖父、父亲、母亲都俭朴勤劳、温和耿直，同辈手足都和睦融洽、相亲相爱。中华民族的传统

梁启超《我之为童子时》手稿

美德体现在这个大家庭之中，为梁启超人生观、价值观、家庭观的形成打下了浓重底色。

梁启超的家庭

　　众所周知，除了思想启蒙、学术研究与政治活动的成就之外，梁启超还有另一重要荣誉——一位伟大的父亲。梁启超以教子成才闻名，他的九个子女个个出色，每个人都有不平凡的人生经历。梁启超曾经在家书中自称："吾家十数代清白寒素，此乃最足以自豪者。"这种清白正直传家的坚守与自豪，结合

广东新会梁启超纪念
馆院内梁启超铜像

了中国传统的人伦积淀与生机勃勃的近代色彩，在历史长河中闪烁着独特而动人的光芒。梁启超是这个幸福大家庭的核心，是丈夫，是父亲，也是孩子们的导师和朋友。

不过，梁启超本人虽然情感充沛，笃于父爱，又善于教子，但作为中国近代史上最重要的政治家、思想家，他毕竟要将大部分精力投入繁复的社会活动和著述写作当中，而主持家庭事务、抚育子女成人的重任，自然更多地落在两位夫人——李蕙仙与王桂荃身上。

1. 闺中良友: 李蕙仙

梁启超的结发妻子李蕙仙是一位见识脱俗、刚毅果断的女性，对丈夫的不朽成就帮助极大，被梁启超称为"闺中良友"。李蕙仙，原名端蕙，生于 1868 年，祖籍贵州贵阳，是顺天府尹李朝仪的幼女。光绪十五年（1889），梁启超在广州参加全省范围的乡试，主考官即是时任内阁学士的李端棻。阅卷时，他对梁启超的文章极为欣赏，以为是饱学宿儒的手笔，遂取其为第八名举人。当年仅 17 岁的梁启超来拜见这位慧眼识才的主考官时，李端棻大为惊讶，视之为旷世奇才，并决定将堂妹蕙仙许配他为妻。

李端棻是晚清政坛中一位思想开明、卓有远见的高级官员。他与梁启超相识后，开始逐步接受西方政治、学术思想，倾向于对中国政治社会进行改良。戊戌变法期间，他作为维新派在朝中的主要支持力量，不但鼎力举荐康、梁等维新人士，还成

京师大学堂旧址

为中国近代教育事业的奠基人——他奏请在北京设立京师大学堂，各地遍设新式学堂、藏书楼、译书局、报馆等机构，启迪民智，培养人才。变法失败后，李端棻被革职发配新疆，两年后回到老家贵阳，终其一生，都致力于办学讲学，传播维新思想。李端棻去世后，梁启超为这位志趣相投的伯乐、维新事业的先驱、情谊深厚的至亲撰写了墓志铭，对他的精神与贡献给予高度赞扬。

李蕙仙虽然是传统的大家闺秀，却受到堂兄李端棻开明进步的教育影响，结婚后也始终理解、支持丈夫梁启超的事业追求。她生在河北，长在京城，家庭条件十分优裕，可为人毫无骄矜之气。嫁入相对贫寒的新会梁家后，面对南北方生活差异，李蕙仙没有任何怨言，和丈夫一起孝敬父母，关爱手足。梁启超曾回忆说：我结婚以后，常常受到夫人的鼓励和帮助。自己没钱买书，夫人便将陪嫁的首饰变卖换钱来买。

戊戌变法失败后，梁启超屡遭艰险，意志坚强的夫人不但在精神上对他全力支持，以民族大义相鼓舞，还独自挑起家庭重担，不让他有后顾之忧。当时梁启超只身亡命日本，李蕙仙从上海回到新会后，立即带着家人移居澳门避难，躲过灭门之祸。梁启超写信给李蕙仙说："我听说夫人得知凶信，慷慨从容，辞色不变，不但没有怪罪我的意思，反而发出豪迈的壮语。我感到非常欣慰佩服，夫人真是我的闺中良友啊！"又说："父亲大人遭到这样的变故，一定心绪烦乱，只有请夫人用心宽慰劝解，代我尽孝。夫人一向深明大义，不用我多言，我唯有对着南天拜谢托付而已。"书信中浸透了这对患难夫妻互敬互爱、互相信任的深厚感情。

李蕙仙（右三）与梁思忠（左一）、梁思成（左二）、梁思庄（左三）、梁思达（右二）、梁思永（右一）于天津合影

1915 年，袁世凯准备称帝，梁启超与学生蔡锷秘密商议讨伐之事，准备亲自南下参与指挥。临别时，夫人慷慨激昂地说："孝敬老父、教养儿女的事，都有我一身担当，你可以义无反顾为国尽忠，不必有所牵挂！"梁启超听后神志为之一振，更加坚定了决心。李蕙仙还是当时妇女运动的发起人，是《妇女报》的主编之一。

在家国情怀、民族大义之外，李蕙仙对亲属也极富感情。她在日本和天津时，常常接济梁、李两家的亲戚，其中梁启超的幼弟、幼妹都在他家常住读书。李蕙仙的侄女李福曼自 11 岁起就住在梁启超家，读中学、大学的费用都由梁启超夫妇资助，后来与梁思永结成夫妇，恩爱一生。

1915 年冬天，李蕙仙患上乳腺癌，虽经多方医治，但仍于 1924 年春季复发，最终于当年 9 月在北京逝世，终年 56 岁。平生最讲乐观的梁启超悲痛万分，几个月不能写文章，只能通过读宋词、给长女思顺写信略作排遣。夫人安葬后，梁启超饱含深情写下《亡妻李夫人葬毕告墓文》。

2. 幕后功臣：王桂荃

除原配夫人李蕙仙外，梁启超还有第二位夫人王桂荃。王桂荃曾名来喜，生于 1886 年，四川广元人。她幼年被转卖四次之后，给李家做了丫头，随着李蕙仙来到梁启超身边。她虽然出身贫苦，从小没有机会读书，但为人聪明伶俐，勤勉好学，和梁启超夫妇一起流亡日本后，成为李夫人治理家事的得力助手，负责整个大家庭的饮食起居。她用一颗慈母心照顾着孩子们，督促他们学业的同时，自己也跟着读书看报，试着计账、写信，很快就开阔了视野，练就一口流利的日语，开始承担起家庭的对外联络工作。1940 年，王桂荃送小女儿思宁南下参加革命，路过侵华日军岗哨时，即用日语与日本兵交谈。因为日语说得正宗，对方甚至认为她是日本人，将她们放行。

王桂荃

王夫人是梁家不可或缺的重要成员，她勤劳开朗，心地善良，具有包容和平等精神，成为家庭成员关系的协调者。她照顾梁启超无微不至，对待李夫人所生的子女极为尽心，甚至比对亲生子女更好。梁思成曾回忆起自己童年的小故事：

> 我小时候很淘气，有一次考试成绩落在弟弟思永后面，我妈（李夫人）气急了，用鸡毛掸子捆上铁丝抽我。娘（王夫人）吓坏了，一把把我搂在怀里，用身子护着我。我妈正在火头上，一下子收不住，一鞭一鞭地抽在娘身上，我吓得大哭。事后我娘搂着我温柔地说："成龙上天，成蛇钻草，你看哪样好？不怕笨，就怕懒，人家学一遍，我学十遍。马马虎虎不刻苦读书，将来一事无成，看你爹很有学问，还不停地读书。"她这些朴素的语言我记了一辈子。从那以后我再也不敢马马虎虎了。

王夫人对李夫人的次女思庄非常疼爱。思庄和她所生的女儿同时染上白喉住在医院里，王夫人对思庄日夜守候，精心照料，终于使其病情好转，转危为安，自己的亲生女儿却因护理不周不幸夭折。王夫人为了不耽误梁启超的事业，强忍悲痛继续承担家务，只是背地里偷偷流泪。

1929 年梁启超去世时，并没有留下多少遗产，但儿女们大多还在读书，经济上不能独立，最小的思礼还不到 5 岁。王夫人勤俭持家，苦心维系，继续把儿女们都培育成才，并想方设法送思礼出国深造。新中国成立后，儿女们纷纷回到北京工作，她又不遗余力地为孙辈操劳，始终保持乐观洒脱的人生态度，成为大家庭感情凝聚的核心。

王桂荃于 1968 年在北京家中去世，终年 82 岁。这位出身贫苦、没有受过正规的学校教育，但头脑清醒、有见地、有才能，既富有感情又十分理智的善良的母亲（梁思成语），教养出中国现当代史上多名顶级专家学者。她曾非常风趣又得意地对别人说："我这几个儿子真有趣，思成盖房子，思忠炸房子，房子垮了埋在地里，思永又去挖房子。"确如梁启超所说，她是这个大家庭中极重要的人物。

1995 年，梁氏后人在位于北京香山的梁启超与李夫人合葬的墓地旁，植下一株白皮松，称为"母亲树"，寄托对王夫人的哀思。

3. 父亲的得力助手: 梁思顺

梁启超长大成人的子女有九个，其中思顺、思成、思庄是李夫人所生，思永、思忠、思达、思懿、思宁、思礼是王夫人所生。九个孩子禀赋不同、专业各异，但都从某个角度继承了父母的秉性，又深受梁氏清白正直、热诚坚韧家风的熏陶感染，在学业、事业与生活中发光发热，促成中国近现代家庭教育史上一段历久弥新的佳话。

梁家的九个孩子大致可以分为三个年龄段。长女梁思顺生于 1893 年，与弟弟妹妹年龄差距较大。20 世纪初成长于日本的四个孩子——思成、思永、思忠、思庄是一个群体，四人年龄相近，都在梁启超生前留学北美，受父亲指导、帮助较多。思达、思懿、思宁、思礼四个孩子都出生在民国年间，他们年龄较小，父亲去世时尚未成年。梁启超对每个孩子都关爱有加，但影响又有所不同。

梁思顺小字令娴，是唯一出生在新会老屋里的孩子，比弟弟思成大了 8 岁之多，在众多子女中是当之无愧的大姐姐。梁启超倡导男女平等，又尤其疼爱女儿，八年的独女生活让思顺得到更多父爱，在家中一直很有发言权。幼年的思顺曾随父母颠沛流离，过了许多逃亡的艰难生活，所以她懂事也早，十几岁时就为父亲做日文翻译，又帮母

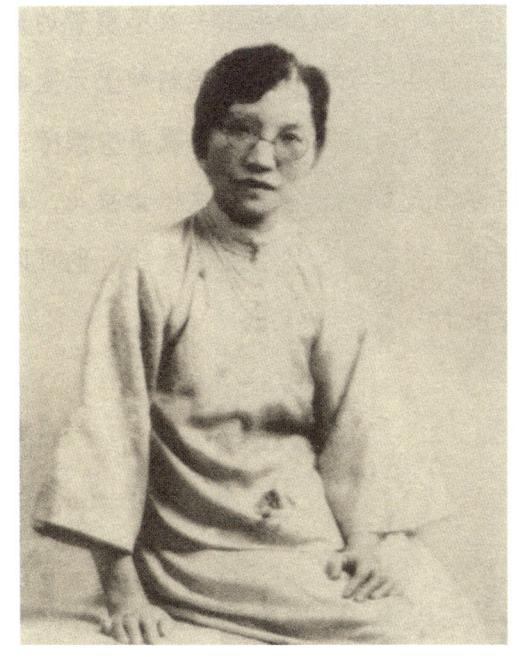

梁思顺

亲主持家事、教养弟妹，是父母最好的助手。思成等人留学北美时，思顺和丈夫周希哲又作为他们在海外的临时家长，全权管理弟弟妹妹们的学业、生活。梁启超给思顺的家信最多，信中亲昵地称她为"大宝贝""宝贝思顺"，称赞她：

> 你几十年来常常给我精神上无限的安慰喜悦，这几年来把几个弟弟妹妹交给你，省我多少操劳，最近更把家里经济基础由你们夫妇手确立，这样女孩儿，真是比别人家男孩还得力十倍。你自己所尽的道德责任，也可以令你精神上常常得无限愉快了，所以我劝你不必思家着急。

思顺在日本长大，除学习日文之外，没有进入公共学校接受高等教育，而是由父亲亲自辅导。梁启超重视女儿的学业，常为她彻夜讲书、批改作文。思顺具有很深厚的古文功底，又爱好古典诗词，曾编成《艺蘅馆词选》，出版后深受欢迎。思顺的日文极好，不但语言流利，且能掌握日本上流社会语体。太平洋战争爆发时，思顺正在燕京大学教授国文，在教职员撤离燕园前，日寇采取高压恐怖政策，到各家去搜查收音机。当查到思顺家时，她就用日本上流社会语体严厉地对日本兵说："不许你们动我的无线电，不然我就把它砸烂！"日本兵不知道她是什么来历，当时就吓得撤了出去。她的这一行为，极大地鼓舞了危难中的燕大师生。

思顺的丈夫是梁启超的得意门生周希哲。周希哲又名国贤，本是家境贫寒的马来西亚华侨，年轻时在海轮上做小职员，因为追求维新变法，来到日本留学，又到美国芝加哥大学深造，获得国际法学博士学位。梁启超欣赏这个年轻人的品行与才干，主动撮合他与思顺的婚姻。希哲后来历任中国驻菲律宾、缅甸、加拿大总领事。他为人堂堂正正，做事勤勤恳恳，又很有政治才干和经济头脑，担任外交官时受到当地华侨商民的爱戴，也得到岳父格外的认可。梁启超曾不无得意地对思顺说："我对于你们的婚姻，得意得了不得，我觉得我的方法好极了。由我留心观察看定一个人，给你们介绍，最后的决定在你们自己，我想这真是理想的婚姻制度。好孩子，你想希哲如何，老夫眼力不错罢。"

思顺一家于1929年从加拿大回国，先后在天津、北平生活。北平沦陷后，希哲、思顺夫妇顶住压力，拒绝为日伪政权做事，也不肯替国民党政府工作。1938年希哲去世后，思顺仍坚守丈夫的遗志，保持高尚的民族气节，又热心公益，帮助爱国学生，向解放区捐赠衣物。新中国成立后，她担任中央文史研究馆馆员和北京市东城区政协委员。1966年在家中去世，终年73岁。

4. 建筑学一代宗师：梁思成

梁思成是家里的第二个孩子，也是传统中国人最重视的长子。梁启超对思成十分器重。1927年，思成与未婚妻林徽因（原名徽音）拟在北美结婚，父亲给他写信说："有一件事要告诉你们：你们若在教堂行礼，思成的名字便用我的全名，用外国习惯叫做'思成梁启超'，表示你以长子资格继承我全部人格和名誉。"令梁启超欣慰的是，这位长子无论在品格还是事业上，都堪为他的杰出继承人。

梁思成 1901 年出生于日本。他的童年在日本的"双涛园"度过。当时中国处于巨大的忧患之中，在梁启超的思想影响下，思成自幼就有着深刻的民族危机感，怀有真挚的爱国热忱。1913 年，思成随母亲李蕙仙回国。1915 年，他进入清华学校读书，除了学业优异外，还有着广泛的兴趣爱好，在音乐、美术、体育等方面表现突出。1919 年 5 月 4 日，思成作为清华学校学生"爱国十人团"和"义勇军"的中坚分子，参加五四运动。他被同学们称为"一个有政治头脑的艺术家"。

梁思成与妻子林徽因是志同道合的学者伉俪，二人相互扶持、携手并进，在建筑事业上堪称天作之合。他们有共同的兴趣爱好，对建筑艺术与文化都有着执着的追求。在传统与现代碰撞的时代，梁思成与林徽因二人在世界和现代的语境中，对中国古建筑文化不断进行探索与研究。1924 年，二人留学美国，先进入康奈尔大学选修相关课程，后一同进入宾夕法尼亚大学学习，思成进入建筑系学习，徽因则就读于美术系，同时选修建筑系课程，他们的学业都很优秀。

初入清华学校的梁思成

思成在宾夕法尼亚大学学习的是西方建筑学理论，但基于扎实的国学学养，在留学期间，思成就注意将中西文化熔铸一炉，并由此促成了他一生的辉煌成就。1925 年，梁启超将北宋李诫的《营造法式》一书寄给远在美国的思成，这部书主要记载北宋宫室、坛庙、府第的建筑设计与施工规范，阅读难度较大，却为思成打开了一座中国建筑史的宝库，令他找到自己毕生的研究兴趣与学术使命。

梁思成、林徽因结婚照

1927 年 2 月，思成获宾夕法尼亚大学建筑学学士学位；同年获宾夕法尼亚大学建筑学硕士学位；9 月，进入哈佛大学进修，课题是"东方建筑研究"，主要是阅读西方人写作的各种关于中国建筑和雕刻的书。思成与徽因留学期间，思成的母亲李夫人病逝，徽因的父亲林长民在战争中中弹身亡，梁启超多次写信给二人，要他们鼓起勇气，完成学业。1928 年，思成与徽因在加拿大渥太华举办婚礼，婚后二人一同游历欧洲，体味欧洲建筑之美和文化遗产保护成就，并于当年 8 月回国。

梁思成学成归国后，先根据梁启超的建议，到东北大学任教，创办了东北大学建筑系，任系主任，成为我国现代建筑教育事业的奠基者与开拓者之一。1931 年，梁思成返回北平，加入了中国第一个专门从事古建筑研究的学术团体——中国营造学社，任法式部主任。营造学社成立于1929年，主要的工作就是对古建筑进行实地考察、测量绘图，并对其进行年代鉴定、结构分析和相关艺术的研究。营造学社在短短十几年中，经历了战乱带来的贫困和离散，不仅取得了惊人的学术成果，还开辟了建筑学研究的全新视野和方法，培育出一代业界顶级学术人才。当时在中国，建筑史的研究几乎是一片空白，梁思成与营造学社同人一起，从宋代的《营造法式》、清代的《工部工程做法则例》两书入手，将文献作为调查中国古建筑的基础，以现代建筑师的学识，阐释、弘扬中国传统建筑艺术。

梁思成是中国古建筑研究的先驱者之一。1931年，营造学社开始进行古建筑调查。此后的几年，梁思成、林徽因与营造学社同人踏遍了中国二百多个县，考察了二千余处唐、宋、辽、金、元、明、清等朝代的古建筑遗存。梁思成一行人由近及远，先后对河北蓟县（今天津蓟州）、宝坻（今属天津）、正定、赵县，山西大同、应县、太原、汾阳、灵石等地的古建筑进行广泛调查。他们登檐攀顶、逐步测量、绘图摄影，再撰写调查报告，从蓟县独乐寺到应县木塔，不断向世人展示中国古代辉煌的建筑成就。当时有学者提出，唐代木构建筑在中国已经不复存在。1937年，梁思成一行来到山西五台山，经过反复辨析，发现了现存的唐代木构建筑佛光寺。此举震动了世界建筑学界。经过几年的实地调查，梁思成对

1933 年，梁思成于山西大同善化寺普贤阁檐下

中国古代建筑的研究已经趋于深入、系统，为《中国建筑史》的写作打下基础。

1937 年 7 月，梁思成、林徽因夫妇的古建筑调查工作被日本侵华战争打断。他们像许多爱国知识分子一样，不愿生活在侵略者的铁蹄下，他们决定离开已经沦陷的北平，于当年 10 月抵达湖南长沙，次年 1 月全家抵达云南昆明。生活稍微安定之后，梁思成又急于恢复古建筑调查和研究工作，他和营造学社的同人考察了大量汉阙、崖墓和摩崖石刻，置身于南方古建筑文化的广阔世界。1940 年，营造学社随中央研究院历史语言研究所迁往四川宜宾的李庄。李庄的生活比昆明更加艰苦，微薄的薪水尚不足以维持基本生活。徽因肺病复发，几乎一病不起，思成也常受病痛折磨。在极度的困境中，美国友人费正清、费慰梅夫妇邀请梁思成夫妇到美国讲学、治病，却被他们谢绝。这对深爱着祖国、对传承中国文化具有强烈责任感的学者伉俪表示："国难当头，绝不离开祖国。"

1942 年起，梁思成在极端艰苦的条件下，克服各种困难，开始撰写他一生的力作《中国建筑史》，到 1943 年完成，实现了他"中国建筑史要由中国人来写"的夙愿。1946 年，思成完成其英文著作《图像中国建筑史》，书中附有二百余幅图例和照片，以现代建筑的表现方式，科学分析了中国古建筑结构的基本体系和演化进程。

抗战胜利后，思成创办了清华大学建筑系，兼任系主任

与教授，培养了大批人才，成
为中国建筑学界的一代宗师。
1946年，思成赴美国考察建筑
教育，并先后在耶鲁大学、普
林斯顿大学讲学。1947年，他
代表中国参与联合国大厦的设
计工作，成为享有国际声誉的
世界级建筑大师。1948年，梁
思成与弟弟思永一起，当选为
中央研究院院士。

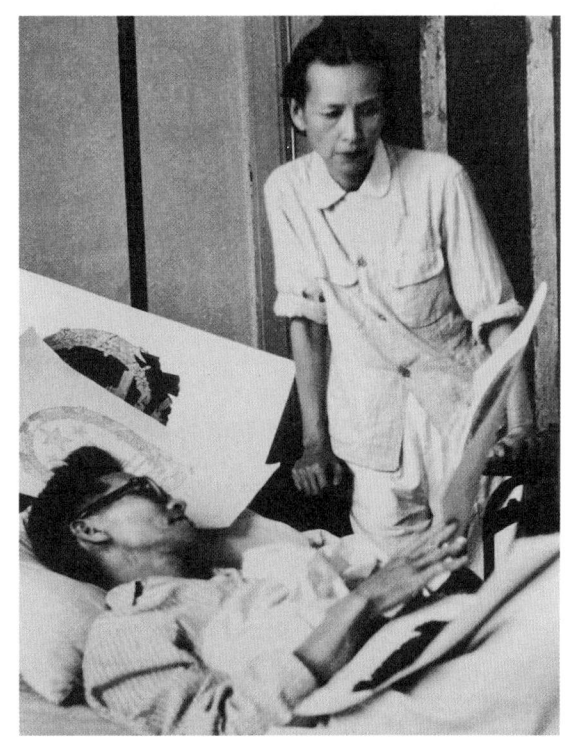

梁思成在病床上与
林徽因讨论国徽设
计方案

新中国成立后，梁思成、
林徽因夫妇主持、参与了国
徽和人民英雄纪念碑的设计工
作，为我们国家和民族做出了
又一次贡献。梁思成以高度热情参与新中国各项建设工作，
曾担任北京市都市计划委员会副主任、中国建筑学会副理事
长、北京市政协副主席、全国政协常委、全国人大常委、民
盟中央常委等学术和社会职务。1955年，梁思成当选为中国
科学院技术科学部委员（即中国科学院院士）。

梁思成形成了完整的保护文物、修葺古建筑思想，是中
国历史文物保护的开拓者。早在1929年，梁思成就呼吁保留
沈阳钟鼓楼，但未获成功；20世纪30年代，他又拟定山东曲
阜孔庙修葺计划、故宫文渊阁楼面修理计划、陕西西安小雁

塔维修计划，设计西安碑林保护工程。作为现代建筑师，梁思成并不排斥在古建筑修复中尽量运用力学和新材料知识，补救古建筑结构性缺陷。但在文化观念上，他坚持"视建筑为文化"的建筑史学观。在1932年东北大学建筑系第一批学生毕业时，梁思成阐述了他对建筑和建筑师的定义："你们创造力产生的结果是什么，当然是建筑，不只是建筑，我们换一句话，可以说是文化的记录，是历史。"在他看来，建筑与文化密不可分，中国的古建筑是体现中华民族性格、展现中华民族文化的特殊艺术。梁思成始终主张保护古建筑的本质是保护文化，而不在于构建一个漂亮的风景点，这就是他后来总结的古建筑保护中的"整旧如旧"理念。他的建筑研究始终充满人文情怀。抗战胜利前，梁思成在军用地图上标注古建筑遗产所在位置，编制《战区文物保存委员会文物目录》；1948年，解放战争激战正酣，他结合北平城市建设历史与现实，写下《北平文物必须整理与保存》一文，提出北平文化古城的保护问题；北平和平解放前夕，他又为人民解放军在地图上标注了应予保护的古建筑。

20世纪50年代，梁思成继续为保护北京古建筑、古城墙、古城格局风貌奔走呼吁，与陈占祥共同提出《关于中央人民政府行政中心区位置的建议》，发表了《关于北京城墙存废问题的讨论》，指出北京"许多旧日的建筑已成为今日有纪念性的文物，它们的形体不但美丽，不允许伤毁，而且它们的位置部署上的秩序和整个文物环境，正是这座名城壮美特点之一，也必须在保护之例"，主张完整保存北京古城。可惜，梁思成充满科学理据和文化情怀的建议，不能为当时的主流认识所接受与采纳。在将北京从消费型城市变为生产型城市的思想指导下，城区的大多数旧建筑，被认为是北京交通、工业发展的障碍，不断遭到拆除、重建。对此，梁思成十分痛心。

梁思成

20世纪60年代，梁思成与同人继续进行《营造法式》的研究和整理工作，并完成《营造法式》注释的大部分工作。1972年1月，梁思成于北京去世，终年71岁。

2000年，经国务院批准，中华人民共和国建设部和中国建筑学会设立"梁思成建筑奖"（也称"梁思成奖"）。这一奖项，是授予中国建筑师和建筑学者的最高荣誉，以表彰、奖励在这一领域做出重大成绩和卓越贡献的杰出人才，也是纪念梁思成这位伟大的中国建筑史研究先驱者与中国现代建筑教育体系的开拓者和奠基者。

5. 古文明的发掘者：梁思永

梁思永是家中第三个孩子，1904年出生于澳门。他是王夫人与梁启超结婚后所生的第一个孩子。和兄长思成一样，梁思永也在日本的"双涛园"度过了快乐的童年。1910年，

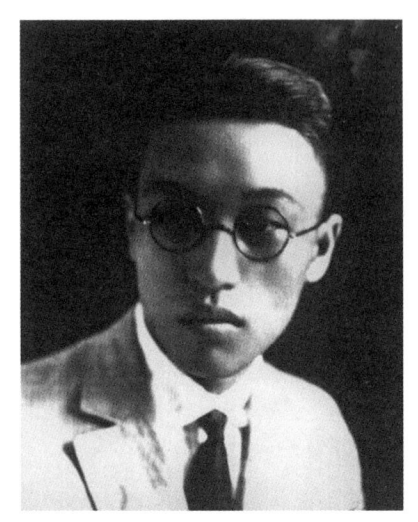

梁思永

梁思永进入日本神户华侨办的同文学校上学。1913 年，他随全家回国，就读于北京西城崇德中学。1916 年，梁思永进入清华学校读书。在清华学校，他学习勤奋，成绩优秀。同时他也积极参加文娱活动，与兄长思成一起参加了清华管乐队。他们兄弟俩一起学习，一起娱乐，亲密无间。两人学习成绩不相上下，而性格不同。思成乐观开朗、风趣诙谐；思永沉着稳重、善解人意。1924 年夏，梁思永从清华学校毕业，考入美国哈佛大学，主攻考古学及人类学。由此他也成为第一位接受过现代考古学训练的中国学者。

不同于传统金石学关注个体器物研究及文字考释，现代考古学更看重遗址发掘的层位信息与出土文物的类型排比，需要全面记录遗址及其环境的情况，综合运用地质学、古生物学、物理学、化学等多方面的现代技术，将出土文物的分析与人类社会史研究相结合。1927 年，梁思永到美国西部参加印第安人古代遗址发掘，获得学士学位后又将主攻方向转到东亚考古。思永有深厚的家学渊源，对中国古代历史与社会有宏观把握。在中国考古学筚路蓝缕的起步时期，他既能为中国引进现代考古学的观念方法，又能推动考古学在中国国情与文化传统之中走上切合自身实际的发展路径，做出卓越的学术贡献。

思永在哈佛大学读书期间，父亲多次与他通信，且屡次向他介绍国内考古界的新动向与新成果，鼓励他回国参与考古发掘。1927 年，思永回国，并到清华学校工作近一年，参加了山西夏县西阴村遗址出土陶片的整理、研究工作，后又返回哈佛大学继续深造。1930 年，思永应著名考古学家李济之邀到中央研究院历史语言研究所考古组任职，随即投入繁忙的田野考古活动，进入学术研究的巅峰期。后来，考古学家夏鼐先生回忆起思永这段时间的贡献时说：梁思永的到来改进了田野考古技术，主持室内整理工作，训练年轻人员，使一切都渐入正轨。

思永的首次田野考古是调查、发掘黑龙江的昂昂溪史前遗址，这也是考古学者首次进入黑龙江地区。经过细致研究，他撰写了长达五万字的论文。回程途中，他又在热河进行调查，这是中国学者首次在热河境内进行考古工作，后因日本发动侵华战争，发掘计划暂时搁置。1931 年，他又与中央研究院历史语言研究所的李济、董作宾等同事加入河南安阳殷墟的考古发掘，并首次在小屯以外发现了甲骨文。在随后的几年中，他先后参与、主持了多次殷墟发掘，在他的推动下，殷墟发掘工作进入高潮。与此同时，思永也多次主持山东章丘龙山城子崖遗址的发掘工作，提出了"以土质、土色、包含物的不同来划分文化层"的方法。他主笔撰写《城子崖遗址发掘报告》，这是第一部由中国考古机构组织发掘，并由中国人自主编写的田野发掘报告,对大型田野考古报告的写作体例产生了深远影响。

梁思永对龙山文化的总结也一直影响到现在。思永长时间奔波在不同的考古遗址，正是通过安阳与龙山的工作实践，加上对仰韶文化的深入认识，他开始思考龙山文化与仰韶文化的具体关系。在安阳后冈遗址的发掘中，他第一次揭示仰韶文化、龙山文化和殷文化的三叠现象，进而确认龙山文化早于殷文化而晚于仰韶文化，肯定了这三种文化在黄河中下游的时代顺序，解决了中国考古学上的关键问题，也建立了考古地层学的典范。他的名作《小屯、龙山与仰韶》《龙山文化——中国文明的史前期之一》等，汇集为《梁思永考古论文集》。

1937 年淞沪抗战爆发后，殷墟发掘工作被迫停止，思永夫妇随中央研究院历史语言研究所内迁昆明，1940 年又被迫迁往四川宜宾的李庄。恶劣的条件使原本体弱的思永病势加剧，但他仍然坚持在病榻上整理资料，并拟定了《河南安阳侯家庄

梁思永（左三）与傅斯年（左一）、法国汉学家伯希和（左二）于河南安阳西北冈发掘现场合影

西北冈殷代墓地发掘报告》和《西北冈器物研究记录》两部重要文稿大纲。抗战胜利后，思永因为身体原因，离开了中央研究院历史语言研究所考古组，转到北京休养。鉴于思永此前突出的学术贡献，1948年，他与长兄梁思成同时当选为中央研究院院士。

梁思永（左）与梁思成（右）于河南安阳考古发掘现场合影

新中国成立后，中国科学院考古研究所成立，思永欣然出任副所长。他虽然因身体原因，不能再亲自从事田野考古，却是新中国考古事业有力的学术带头人。他极力筹划考古所的田野发掘，指导室内研究，全国考古工作各项计划都在他的参与下得以制订，成为长远规划的重要蓝本。他特别重视考古工作的人才培养，亲自为本所研究生制订学习计划，经常同年轻人谈话，从治学方法到思想修养无所不包，为他们审阅、批改考古报告，指导他们进行学术研究。他还积极促成中国科学院考古研究所与北京大学历史学系、国家文物局联合举办考古工作人员培训班，对教学人员的配备、课程的设置、实习的选点都予以认真安排。1952年北京大学历史学系考古专业的设置，也在他的支持帮助下得以完成。这一系列人才培养措施，为新中国考古事业的蓬勃发展创造了必要条件。

　　思永在清华学校读书时，就对常年住在梁家、后就读于燕京大学的表妹李福曼产生感情。1930 年思永学成归国后，于次年与李福曼在北平协和礼堂举办婚礼，二人开始了二十几年如一日、同甘共苦、相濡以沫的人生旅程。1932 年春，年仅28 岁的思永在艰苦辛劳的田野考古中患上急性肋膜炎，后又转为肺病，多次达到危重的程度。无论是抗战时期在大后方李庄，还是新中国成立后在中国科学院考古研究所，福曼一直精心护理病榻上的爱人，甘当他的家庭医生和秘书，自始至终无怨无悔。

　　1954 年春，思永心脏病发作，这位中国现代考古学和考

1941 年，梁思永全家于四川李庄合影

古教育的开拓者，没能战胜病魔，于当年 4 月在北京人民医院病逝，终年 50 岁。思永安葬于八宝山革命公墓，他的汉白玉卧式墓碑由长兄思成设计。

6. 壮志未酬的热血青年：梁思忠

梁思忠是家中排行第四的孩子，1907 年生于日本。思忠性格活泼热情，在清华学校读书期间，曾加入清华管乐队、唱歌团、自行车学会、军事学会等学校社团。思忠在清华学校得到了军事学会顾问曹霖生的启发与鼓励，有志赴美国学习军事。他原有意读美国西点军校，但因美国国会开会延期，未获批准，故思忠先到美国威斯康星大学学习政治学。

梁启超一生波折，对政坛极为失望，本不想孩子们涉足政治。对于在美国学习政治学的思忠，梁启超虽有担心、顾虑，但并未过多干预思忠的学业，而是写信引导思忠："思忠来信叙述入学后情形，我和你娘娘都极高兴。你既学政治，那么进什么团体是免不了的，我一切不干涉你，但愿意你十分谨

《清华年报（1925—1926）》刊载的唱歌团合影，后排左二为梁思忠

梁思忠

慎，须几经考量后方可加入。在加入前先把情形告诉我，我也可以做你的顾问。"

1927 年 9 月，思忠进入美国维吉尼亚军校三年级步兵科学习军事，1929 年 6 月获文学学士学位。后至美国诺维基大学深造军事学，成绩优异，于 1930 年 6 月获理学学士学位。思忠还曾在美国野战炮兵学校学习。

梁思忠对军事有浓厚的兴趣，但他并未将目光局限于军事。据 1926 年清华学校毕业同学录，思忠"体格魁伟，心地忠厚，确是学陆军的好手。近日肆力于国学，思步乃父后尘。善音乐，唱歌尤其特长"。维吉尼亚军校同学录称思忠："学习认真，于图书馆钻研学问，成绩斐然。博览群书，尤喜欢阅读历史、政治和战争史书籍。他准备学成回国参军。"诺维基大学同学录中，给思忠的评语是："热衷文学，乐此不疲。尤精于军事理论，曾考取满分。亦长于击剑，技术高超，常击败对手。"从思忠的同学对其评价中可以看到，思忠在军事方面有热情，有才能，且怀有崇高的理想信念，希望学成报国，并为此不断努力；同时，思忠培养了广泛的兴趣爱好，不仅热衷文学，博览群书，对击剑、音乐亦有涉猎。思忠的生活充满活力、充满能量。

1931 年，思忠回国，于中央陆军军官学校任少校营附。同年 12 月，国民政府拟派驻德国、法国武官，进行联络工作，参谋长朱培德推荐梁思忠为驻法武官，后因日本侵华而未能成行。1932 年，"一·二八"淞沪抗战中，梁思忠随国民革命军第十九路军作战，其间患上腹膜炎，且错过了治疗时机，不幸去世，年仅 25 岁。一心盼望学成报国的思忠英年早逝，实在令人惋惜。在梁启超家族墓园中，亲人们在他的墓碑上镌刻了"炮兵上校梁思忠"字样，纪念这位满腔热血、壮志未酬的爱国青年。

7. 浩瀚书海的领航员：梁思庄

梁思庄 1908 年生于日本，是家中排行第五的孩子，却是梁启超在思顺出生十五年后才有的第二个女儿。这让一向偏爱女儿的父亲高兴不已，宠溺地称她为"小宝贝庄庄"。思庄的性格温柔乐观，对兄弟姐妹们都怀有真挚的感情。李夫人去世后，16 岁的思庄随思顺夫妇到加拿大读书，之后考入著名的麦吉尔大学。梁启超对在外的女儿十分惦记，他给思顺、思庄姐妹俩写信说："你们走后，我很寂寞……思顺离开我多次了，所以倒不觉怎样。庄庄这几个月来天天挨着我，一旦远行，我心里着实有点难过。但为你成就学业起见，不能不忍耐这几年。"家信中一个老父亲的爱女深情，即便今天读来，仍然令人温暖动容。

除了情感上的牵挂外，梁启超对思庄的学业，特别是专

1927年，19岁的梁思庄于加拿大麦吉尔大学读书

业选择也格外关心。他本来希望思庄攻读生物学，因为这门自然科学有着良好的发展前景，当时也正在流行以自然科学的逻辑来解释社会科学，而且中国的女子还没有人研究这门学问，凡事敢为天下先的梁启超希望女儿做一个专业上的"先登者"，回国后还可以做这一领域的顾问。不过当他听说思庄并不很喜欢生物学时，就马上改变态度，写信告诉她，一定要选与自己性情、爱好相近的专业。离开时间久了，做父亲的并不了解女儿的思想变化，在这件重要的事情上，他鼓励思庄自己做主，请身边的哥哥姐姐们当顾问，而不要拘泥于父亲的意见。思庄领会父亲要她为自己人生负责任的用心，选择最喜爱的图书馆学作为志向，并获得了美国哥伦比亚大学图书馆学学士学位。

梁启超非常重视图书馆的建设与图书馆学的建设，是中国近代图书馆事业的奠基人。他晚年曾担任国立京师图书馆、松坡图书馆馆长和中华图书馆协会董事部部长，又主持编纂《中国图书大辞典》等重要著作。思庄继承了父亲对图书馆事业的热情，她学成归国后，先后在国立北平图书馆、燕京大学图书馆、广州市立中山图书馆主持西文图书编目工作，后又担任北京大学图书馆副馆长、中国图书馆学会副理事长。她是图书馆事业的实干家，精通英语，懂得法、德、俄多门外语，精通图书馆的各项业务，特别是对各种西文工具书和书刊资料都了如指掌。她在北京大学图书馆任副馆长时，定期开设各种讲座，为师生们讲解西文工具书的使用方法，几百人的教室常常座无虚席。许多读者遇到学业问题，都首先想到要找梁思庄解决。她总是十分热心，无论对德高望重的老教授，还是默默无闻的青年学生，都一视同仁。人们都说："梁先生（指梁思庄）的头脑就是外文工具书大全。"

　　思庄在美国留学时，与哥哥思永的同学、化学家吴鲁强相爱。可惜新婚只有三年，年仅 31 岁的鲁强就因伤寒病故。面对突如其来的打击，从小生活优越，备受父母、兄姊、丈夫疼爱的思庄表现出过人的坚强意志。她携年幼的女儿回到北平，在家人的帮助下，带着对丈夫的思念养育孩子，面对种种挫折困苦，都保持乐观的精神，将毕生心血投入图书馆事业中去。1986 年 5 月，思庄在北京病逝，终年 78 岁。北京大学为她举办了隆重的告别仪式，收到许多国内外图书馆界同人发来的唁电，寄托哀思。她的骨灰被安葬于北京香山卧佛寺梁启超墓园内，墓碑底座被设计成图书形状，以纪念这位浩瀚书海中的领航员。

梁思庄

8. 关注民生、改造社会的经济学家：梁思达

梁思达在兄弟姐妹中排行第六，生于 1912 年，他出生后不久，一家人就从日本回国了。几个年长的孩子出国后，梁启超很重视年幼子女们的国学教育，专门聘请他在清华国学研究院的学生谢国桢来天津"饮冰室"当家庭教师，为思达、思懿、思宁兄妹授课一年，自己如有闲暇，也和他们一起讨论。谢国桢后就职于国立北平图书馆、南开大学、中国科学院哲学社会科学部等机构，成为著名的历史学家、文献学家。他在明清史研究领域的卓越贡献，即得益于在"饮冰室"教书时，恩师梁启超茶余饭后闲谈的启发。

梁启超（前）与梁思达（后左）、梁思永（后右）合影

思达人很聪明，又多才多艺，虽然一直从事经济工作，却有卓越的书法和绘画才能。他是兄弟姐妹中在天津住得最久的一位，几十年后，还凭着记忆绘出了"饮冰室"两栋楼的外貌与内部平面图。他在思懿、思宁两个妹妹心目中很有老大哥的威信。他从小就温文尔雅、稳重懂事，给两个妹妹辅导功课从来不发脾气，父亲也拿他当个大人，有事情就叫他帮忙。

因为几个年长的孩子大多留美，梁启超本想把思达送到日本留学。可随着父亲的去世，懂事的思达考虑到自家收入减少，母亲王夫人带着弟弟妹妹又要帮手，遂就近在南开大学商学院经济系学习，后又在南开大学经济研究所

读硕士研究生，没有离开天津。

与思成、思永两位兄长注重学理研究
的科学家精神有所不同，思达更多地继承
了父亲贴近民生、改造社会的理想。他选
择"农村合作"作为自己的研究课题，毕
业前就参加了由南开大学、燕京大学、清
华大学等六家单位联合举办的华北农村建
设协进会，到河北、河南、陕西、山东、
江苏、浙江、江西、安徽八省考察农村合
作事业，收集了大量资料，并写成三十多

梁思达

万字的考察笔记，编著了《中国合作事业考察报告》。1937 年，
思达研究生毕业后，又主动要求到华北农村建设协进会山东济
宁实验区工作，继续开展农村合作实践。可惜随着抗日战争的
爆发，协进会被迫解散，思达也无法回到已经沦陷的天津家中，
改赴南京农本局任职，而后随农本局内迁重庆大后方。

1941 年，思达离开农本局，就职于中国银行总管理处，
抗战胜利后和妻子俞雪臻辗转上海、长沙等地。新中国成立后
举家赴京。1949 年 11 月，思达到中央外资企业局秘书处任职，
后调到中央工商行政管理局秘书处，后又到调查研究处统计科
任科长，兼任内部资料的编辑工作。20 世纪 60 年代初，中央
工商行政管理局与中国科学院经济研究所合作成立了资本主义
经济改造研究室，思达是该室重要成员，参与制定《资本主义
经济社会主义改造研究工作五年规划（草案）》。1965 年思达

负责编辑完成《旧中国机制面粉工业统计资料》一书。思达还参与了中国科学院经济研究所主持的大部头著作《中国近代经济史》的编写工作。梁思达在经济领域的专业特长虽未得到充分发挥，但他一直对学术研究充满浓厚兴趣。2001年7月，思达在北京逝世，终年89岁。

9. 燕京女杰：梁思懿

梁思懿在九个兄弟姐妹里排行第七，1914年生于北京。父亲根据她名字的谐音，常喊她为"司马懿"。思懿13岁时，父亲梁启超的得意门生谢国桢来天津"饮冰室"授课。思懿受父亲梁启超与老师谢国桢的影响，在潜移默化中培养了国学素养与爱国情怀。思懿性格直爽，思想活跃。在南开女中读书时，她除了认真完成学业之外，还热衷于社会活动。1931年

梁思宁（左一）、梁思懿（左二）、梁思礼（左三）、梁思达（左四）合影

"九一八"事变后，她与南开女中的同学参加了抗日校刊的编辑工作。1932 年，思懿与王若兰（后改名为康英）等好友组织了一个读书会，阅读苏联进步小说。思懿把在南开女中参加进步社会活动的热情也带到了天津"饮冰室"的家中，妹妹思宁与弟弟思礼都受到了思懿爱国激情的感染。

1933 年，思懿从南开女中毕业，考入燕京大学医学预科学习，原本准备毕业后进入协和医学院深造。可当时东三省已沦陷，平津危急，思想进步的梁思懿，一进入燕京大学就积极投身于抗日救亡的学生运动中。1935 年，思懿在"一二·九"抗日救亡爱国学生运动中请愿游行、鼓舞同学，不少燕大学生被思懿抗日救亡的爱国热情所激励，加入示威游行的队伍中。

思懿热衷于社会活动，认为历史和人文科学更能发挥自己在社会活动方面的能力，思懿决定不再读医学预科，于 1936 年转入燕京大学历史系学习。1936 年 2 月，梁思懿参加了燕京大学中华民族解放先锋队，后担任该先锋队大队长，是当时的"燕京三杰"之一。

1937 年"七七"事变后，平津局势日益紧张。此时，思懿虽还未从燕京大学毕业，但还是参加了平津流亡学生集训班，南下请愿抗日。随后思懿在江西、上海等地从事妇女教育工作，思懿的学生中，有些受到思懿的启发与鼓励，在抗日战争时期走上了革命的道路。在上海期间，她通过自己在南开女中的好友王若兰鼓励小妹思宁离开天津，南下抗日。思宁乘坐货轮离开上海去往宁波前，思懿特别鼓励她说："你要去的地方是充满希望的，也是所有爱国者都向往的去处。他们不顾反动派的阻挠和迫害，千方百计地投奔新四军。你很幸运，参加革命有康英这样的好引路人，要珍惜这次良机，要坚持到底，莫后退。切记！进则生，退则死！"在姐姐的鼓励与支持下，思宁走上了革命的道路。

1941 年，思懿与燕京大学医学预科的同班同学张炜逊在上海结婚。同年，思懿收到了美国南加州大学历史系的录取通知书，弟弟思礼也收到了美国嘉尔顿学院的录取通知书。于是，梁思懿夫妇带着思礼同赴美国。次年 6 月，思懿从南加州大学

1941 年,梁思懿(左四)与梁思礼(左一)等人于去往美国的"克利夫兰总统号"邮轮合影

毕业后，在芝加哥大学图书馆从事中文图书目录的编纂工作。在美期间，她仍然积极参与各种留学生组织的爱国活动，为国内解放区募捐。

梁思懿

思懿虽人在美国，却始终心系祖国。新中国成立前夕，思懿放弃了美国的优厚待遇，全家启程回国参加新中国的建设，并带回了为宋庆龄中国福利基金会募捐的十三大木箱药品和医疗器械。回国后，思懿在山东齐鲁大学担任女部主任。虽然丈夫、孩子同在济南，她却独自一个人住在学校的单身宿舍里，穿着列宁服，和学生们在一个饭桌上吃窝头、啃咸菜，将全部精力投入革命工作当中。在山东工作期间，思懿还因为曾经组织过上海女工运动，担任了山东省妇女联合会副主席。

1955 年，思懿夫妇调到北京工作。张炜逊作为医学专家，担任北京中苏友谊医院副院长。思懿在中国红十字会担任对外联络部副部长、顾问，多次代表中国红十字会出访世界各国。1971 年，作为中国导弹运载火箭控制系统领域创始人的梁思礼受到周恩来总理接见，总理特别提起了他的长兄梁思成与姐姐梁思懿。思懿于 1983 年当选为第六届全国政协委员。

1988 年 10 月，思懿在北京病逝，终年 74 岁。

10. 毕生无悔的新四军战士：梁思宁

梁思宁是梁启超最小的女儿，1916年出生于上海。思宁在家中的小名叫"六六"，她的长相酷似母亲王桂荃，性格也和母亲一样坚韧。这也使她在后来曲折的人生中，不卑不亢，坚定理想信念，走完平凡而伟大的一生。

远行欧洲归来的梁启超将事业重心转向国民的基础教育、办学办报和到各地演讲。哥哥姐姐们先后出国留学，年龄小的

王桂荃（前）与梁思宁（后左）、梁思礼（后右）合影

思达、思懿和思宁留在天津，陪伴在梁启超身边，得到父亲加倍的爱。为提高、充实孩子们的国学素养和社会学知识，梁启超聘请他在清华国学研究院的学生谢国桢来做孩子们的家庭教师。孩提时的思宁通过学习中国传统文化，懂得了父亲提出的"中华民族"这一概念的伟大。

1937 年"七七"事变后，抗日战争全面爆发，日寇占领平津地区。华北之大，却再也安放不下一张平静的书桌，正在南开大学读大二的思宁失学了。目睹了驻津日军的种种暴行，思宁内心极为忧愤，她痛恨这样亡国奴的生活。思宁经常给在上海的姐姐思懿写信，诉说苦闷，寻求出路。思懿向思宁引荐了自己在南开女中的好友——王若兰，思宁从王若兰那里获得人生信念，她的爱国思想被进一步激发，对母亲谎称去上海读书，毅然决然离开已经沦陷的天津的家，登上开往上海的轮渡，投奔革命，参加新四军，投身抗战。不知内情的人也许会以为这是一个"家庭叛逆者"的故事，其实，这不仅对于当时的思宁是唯一的选择，对于当时有正义感的知识分子亦是正确的选择——因为那是一个国难当头的特殊时期。

在王若兰的带领下，思宁从上海出发，一路风餐露宿，历经种种艰险，途中还被国民党军队软禁了七天，遭到特务跟踪盘问，终于在 1940 年 4 月，来到江苏溧阳新四军司令部战地服务团，成为陈毅将军和粟裕将军手下的一名光荣的新四军战士，主要从事宣传工作。之后思宁又在战斗中历经生死考验，于 1941 年 3 月加入中国共产党。

梁思宁

在新四军期间，思宁作为新四军的干部辗转来到山东滨海解放区，与从中国人民抗日军政大学第一分校过来的教员章柯相识相爱，结为夫妻。思宁一生坚持真理，对党忠诚，即使在1948年遭到无端的诬陷受到冤屈后，思宁以从父母那里继承来的坚强意志，抵御住巨大的精神压力，对党的信念一直没有改变，始终忠于共产主义事业，充分体现了一位老共产党员坚定的信念。她对当年离开物质生活优渥的天津、投身革命的选择始终无悔，为自己是一名新四军女战士感到骄傲。

思宁从部队转业后曾在江苏省兴化县人民政府、江苏省东台县人民政府、浙江省余杭县人民政府、山东省临沂北海银行总行、山东省实业厅农业指导所工作，最后在山东省农业厅离休。

在思宁几十年的革命生涯中，无论是战争还是和平建设，直到离休，她都坚持积极追求真理，不动摇不退缩，认真负责，忘我工作。即使蒙冤受到不公正的待遇，也坚信共产党，坚持自己的革命理想不动摇。1978年党的十一届三中全会后，党组织为梁思宁平反落实了政策。1983年，她接到组织上的平反文件时喜极而泣。在受到冤屈三十余年后，她终于等到了沉冤昭雪的一天。

2006 年 2 月，思宁在山东济南去世，终年 90 岁。章柯为纪念爱妻梁思宁题词："人谁无虞，考验三十冬夏，矢志革命求真理；天惟有情，赐福九十春秋，淡泊名利见精神。"这一题词也是思宁的人生写照。

11. 从"老白鼻"到航天事业拓荒者：梁思礼

梁思礼是梁家最小的孩子，1924 年生于北京。梁启超昵称他为"老白鼻"，即"老 baby"的意思。思礼年幼时，家里的几位大哥哥大姐姐已经留学国外，他就成了父亲身边的开心果和最大安慰。父亲常常给在外的孩子们写信，把"老白鼻"的顽皮可爱描述得惟妙惟肖。思礼不到 5 岁就失去了父亲，由母亲王桂荃和兄姐们带大。爱国救国是梁家九位子女共同的理想与信念，哥哥姐姐们对国家的热爱、对工作的热情、对理想的追求、对信念的坚守，也始终感染着思礼。

思礼的小学和中学时代是在天津度过的。1929—1941 年，思礼先后就读于天津培植小学、天津南开中学、天津耀华中学。抗战爆发、天津沦陷后，思礼体会到国家危亡，下定了工业救国的决心。1941 年，他随姐姐思懿一起赴美国留学，进入美国嘉尔顿学院学习，后转入美国普渡大学电机工程系。由于太平洋战争爆发，17 岁的思礼和祖国亲人失

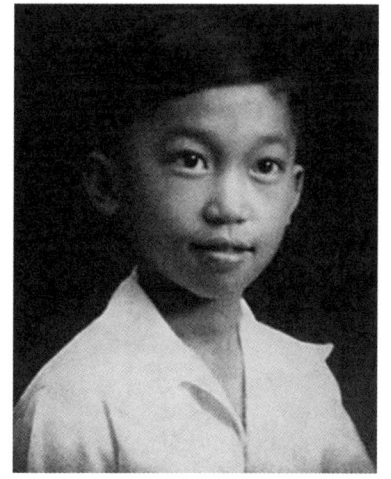

小学毕业的梁思礼

去了一切联系，靠奖学金和打零工的微薄收入维持在美国的生活和学习。1945 年，他从普渡大学毕业，获电机工程学士学位，之后又到美国辛辛那提大学继续深造，1947 年获工程学硕士学位，1949 年获得科学博士学位，当年即与姐姐思懿一起回国，投入新中国的建设中。

回国后，梁思礼任职于邮电部电信科学技术研究所和通信兵部电子科学研究所。1956 年，他参与起草了国务院《1956—1967 年科学技术发展远景规划纲要》的《喷气和火箭技术的建立》部分。1956 年 10 月，我国第一个导弹研究机构——国

1949 年，梁思礼（前）与陈辉（后）乘"克利夫兰总统号"邮轮回国

防部第五研究院正式成立，由钱学森担任院长，思礼担任该院导弹控制系统研究室副主任。同年，思礼加入了中国共产党。

导弹、火箭技术作为现代尖端科技，需要坚实的科学技术、工业基础。因为西方封锁，中国的航天技术在国防部第五研究院成立之初以模仿苏联为主。20世纪60年代中苏两国关系恶化后，苏联方面终止合作，撤走专家，我国只能完全依靠自己的力量从头干起。火箭的自行研制困难重重，当时的研制条件可以说是一无技术，二无器件、材料和设备，三无厂房，这就需要科技工作者呕心沥血，闯出一条自主创新之路。思礼等航天科技工作者丝毫不顾虑条件的恶劣、生活的困苦与任务的艰巨，也经受住了失败的考验，他们一心要让火箭上天，为国人争气。他后来回忆说："那时面对国际封锁，航天部各个科室每晚灯火通明，哪里有加班费和夜餐呢？政工干部的主要工作就是动员大家早点回家休息。我在永定路二院攻关，那时的口号就是'生在永定路，死在八宝山'。"

在广大科技工作者的共同努力下，1964年6月，我国自行研制的中近程地地弹道导弹"东风二号"发射试验获得成功，揭开了我国导弹研制的新篇章。梁思礼主持并参与了"东风二号"导弹控制系统的研制工作。同年11月，以国防部第五研究院为基础，成立第七机械工业部，统一管理导弹、火箭工业的科研、设计、试制、生产工作，梁思礼也转到第七机械工业部负责火箭控制系统研制，后担任第七机械工业部一院十二所所长、一院副院长等职务。

"东风二号"发射现场

　　1966年10月，梁思礼参加了"两弹结合"的研制及飞行试验，核弹头精准命中目标，实现核爆炸，由他主持的控制系统正常运转，震惊世界，结束了中国"有弹无枪"的历史。1966年，梁思礼主持"东风五号"洲际导弹控制系统的研究和方案制定工作。远程火箭射程远，要求精确度高，技术难度大，研制初期的技术问题很多。在反复讨论后，他决定使用"平台—计算机"方案作为远程火箭的制导方案，这在当时是一个大胆的、具有前瞻性的方案。这个方案大大提高了火箭飞行的精确度，使我国的制导系统实现了一个大的跨越，摆脱了仿制苏式导弹的局限，形成中国特色的惯性制导系统。1971年9月，

1966 年,"两弹结合"试验成功后,梁思礼(前排左二)与聂荣臻(前排左五)、钱学森(前排左四)等人于发射现场合影

"东风五号"洲际导弹进行首飞试验,获得基本成功。

1976—1978 年,梁思礼兼任"长征三号"运载火箭控制系统技术负责人,在确定"长征三号"控制系统方案中发挥了重要的技术领导作用。1978 年,他主持研制远程导弹和"长征二号"运载火箭工作,并参加了上述型号运载火箭的多次飞行试验。

1980 年,梁思礼参加洲际导弹的研制工作及向太平洋海域发射洲际导弹的飞行试验并取得成功。这次成功的试验表明,中国成为世界上第三个拥有发射洲际导弹能力的国家。至此,我国真正成为"核俱乐部"中一个不可忽视的成员,极大地提高了我国在国际上的话语权和威望。随着我国的运载火箭技术不断改进、发展，我国又研制出"长征三号""长二捆""长征三号 A""长征三号 B""长征三号 C"等型号火箭，这些型号火箭的技术方案基本都是从"长征二号"运载火箭的技术方案发展而来。1983 年，梁思礼任航天部总工程师、科技委常委，大力倡导、规划、推广、普及计算机辅助设计和制造（CAD/CAM）技术的应用，是 CAD/CAM 技术带头人和奠基者。梁思礼也是航天可靠性工程学的学科带头人。

梁思礼作为开拓者，为我国航天事业做出了卓越的贡献。为此，他于 1987 年当选国际宇航科学院院士；1993 年当选中国科学院院士，成为梁家继梁思成、梁思永之后的第三位院士；同年当选第八届全国政协委员；1994 年当选国际宇航联合会副主席。他曾获国家科学技术进步奖特等奖、国家科学技术进步奖二等奖、航天部科技进步奖一等奖、何梁何利科学与技术进步奖、中国老教授科教兴国奖、"中国侨界杰出人物"称号等奖项与荣誉。

20 世纪 80 年代以来，梁思礼十分关注青少年的科学教育与科普活动，为国内外大、中学校学生作报告百余场，弘扬航天精神、宣传爱国主义思想，用实际行动与亲身经历培养、激发广大青少年的爱国热情。

航天工作性质特殊，哪怕对家人也要保守秘密。梁思礼的夫人赵菁（又名麦秀琼）也出身进步民主的书香世家，祖父是参加过黄花岗起义的同盟会会员，父亲从复旦大学毕业后投身进步事业，后因常年颠沛流离而早逝。她很早就受到革命思想影响，读高中时就成为中共党员，后来主动放弃了上大学的机会，投身革命，成为一名游击队员。他们虽然早年经历各异，但结婚后恩爱互敬、相濡以沫，赵菁不仅负责料理全部的家庭琐事，还竭尽全力理解、支持思礼的事业。

梁思礼

梁启超在 1927 年写给孩子们的信中，感叹"我想你们弟兄姊妹，到今还没有一个学自然科学"，很是遗憾。没想到他去世几十年后，那个最受他宠爱的"老白鼻"完成了他的遗愿，成为我国导弹、火箭科学技术研究的开拓者，并同他的父亲一样，任凭风吹雨打，都心怀赤诚，无怨无悔地将毕生心血奉献给自己的祖国。

2016 年 4 月，梁思礼在北京去世，终年 91 岁。他的骨灰被安葬于北京香山卧佛寺梁启超墓园内，与父母兄姐团聚。

向梁启超学习做父亲

中国传统文化一向高度重视家庭和家庭教育，梁启超自己就曾总结说："吾中国社会之组织，以家族为单位，不以个人为单位，所谓家齐而后国治是也。"梁启超出生在新会的传统耕读之家，虽然物质生活并不富裕，但家庭氛围和睦融洽。他的祖父、父母都是品行端正、勤勉进取之人，兄弟姐妹也和睦相爱。梁启超在这样的家庭中长大，性格、思想、为人处世，都浸润在中国传统家庭教育的正面影响之中。他虽然一生倡导维新，也鼓励孩子们留学北美、游历欧洲、学习西方先进的科学知识，但在陶养家风、维系亲情、教育子女的问题上，却能汲取中西文化之长，在潜移默化中将中华民族传统的道德规范、伦理关系、知识结构传导给后人，以润物细无声的独特方式激励子女成才。

1. 寒士家风

梁启超在给子女的信中，多次提到"寒士家风"一词。1916 年 2 月，他在响应蔡锷倒袁护国的途中，给留在天津的长女思顺写信说："孟子言：'生于忧患，死于安乐。'汝辈小小

梁启超伏案写作

年纪，恰值此数年来无端度虚荣之岁月，真是此生一险运。吾今舍安乐而就忧患，非徒对于国家自践责任，抑亦导汝曹脱险也。吾家十数代清白寒素，此乃最足以自豪者，安可逐腥膻而丧吾所守耶？此次义举虽成，吾亦决不再仕宦，使汝等常长育于寒士之家庭，即授汝等以自立之道也。"民国初年，梁启超在北洋政府担任要职，几个孩子也成了别人眼中的富贵公子、千金小姐，梁启超为此很是担心，深恐他们经历几年这样安逸的生活，就志气消磨、学业不成，最终沦为不能自立、不能为社会尽责的纨绔子弟。在梁启超看来，现在他这个做父亲的弃官，去投入危险的反袁斗争，也是帮孩子们脱离腐败堕落的境地，回到梁氏家族最值得自豪的清白寒素状态。

思顺随丈夫周希哲到加拿大总领事馆任职后，曾向父亲抱怨生活上的不便，梁启超又回信说："你和希哲都是寒士家风出身，总不要坏自己家门本色，才能给孩子们以磨练人格的机会。生当乱世，要吃得苦，才能站得住（其实何止乱世为然），一个人在物质上的享用，只要能维持着生命便够了。至于快乐与否，全不是物质上可以支配。能在困苦中求出快活，才真是会打算盘哩。"

梁启超从小受勤俭、朴实、好学的家风熏陶，事业上的成就使他进入名流阶层，经济条件也远超同时代大多数人，可他却极力督促子女要以"寒士家风"为荣，保持上进好学、节俭谦虚的家门本色。梁启超对每个孩子都充满热烈感情，却从不肯娇宠溺爱，不允许他们成为贪图享乐的少爷小姐。思成、徽因在加拿大结婚时，他即提出："婚礼只要庄严不要侈靡，衣服首饰之类，只要相当过得去便够。"他要求子女"滴自己的汗，吃自己饭"，不但要自食其力，还要培养自由向上的精神，吃苦耐劳磨练人格。"总要在社会上常常尽力，才不愧为我之爱儿。"

当然，梁启超要孩子们保持勤奋而质朴的生活，并非舍不得花钱。他将著书、演讲、担任社会职务所得收入，最大程度地投入子女教育中，不但一口气供多个孩子到海外留学，还时常负担亲属、友人子女的学费，为他们成才立业创造机会。他不止一次在信中关心孩子们，不让他们为学习、生活的费用担心："庄庄该用的钱就用，不必太过节省。爹爹是知道你不会乱花钱的，再不会因为你用钱多生气的。思成饮食上尤不可太刻苦。""只要能派你（思永）实在职务，得有实习机会（从美国临时回国参加考古发掘），盘费、食住费等等，都算不了什么大问题。家里景况，对于这点点钱还担任得起也。""（徽因）学费不成问题，只算我多一个女儿在外留学便了。"

　　以清白寒素为荣，在艰苦的环境中磨练人格，是梁启超对中国传统治家理论的继承和发展。旧时中国人门前的对联，最常见者是那副"一等人忠臣孝子，两件事读书耕田"，充分体现出国人淡泊物质享受、崇尚精神境界的文化传统。梁启超从未把子女引上追求功名利禄的道路，而是把磨练人格与文化传承融为一体。在他的教育之下，孩子们虽然成就辉煌、名望隆重，却都克勤克俭、平易近人，孙辈亦是如此。梁启超最引以为豪的寒士家风，在这个大家庭代代相传。

2. 爱的教育

　　梁启超是个非常有大爱、重感情的人，他认为："天下最神圣的莫过于情感。"梁启超的爱，首先体现于爱祖国。他一生的思想"流质易变"，也常常因此受人诟病，但他的爱国之心坚如磐石，从未改变。梁启超自称："我一生的政治活动，其出发点与归宿点，都是要贯彻我爱国救国的思想与主张……

我是一个热烈的爱国主义者，即说我是国家至上主义者，我也承认。"他爱国的表现是忧国，他晚年在天津的居所称为"饮冰室"，以示自己一生忧国忧民，心潮炽烈澎湃，唯有饮冰才能稍稍平息内心的煎熬。因为爱国，梁启超协助康有为联合各省举子发动"公车上书"，推动戊戌变法；再流亡海外，振臂高呼，办报纸、兴民权、行宪政、建学校；再参与组阁，联络蔡锷护国讨袁；再兴文重教，学术救国。他一生在政坛任职的时间并不长，但自始至终关心政治，他说："我奉劝全国中优秀分子，要从新有一种觉悟：国家是我的，政治是和我的生活有关系的。谈，我是要谈定了；管，我是要管定了。多数好人都谈政治，都管政治，那坏人自然没有站脚的地方。"

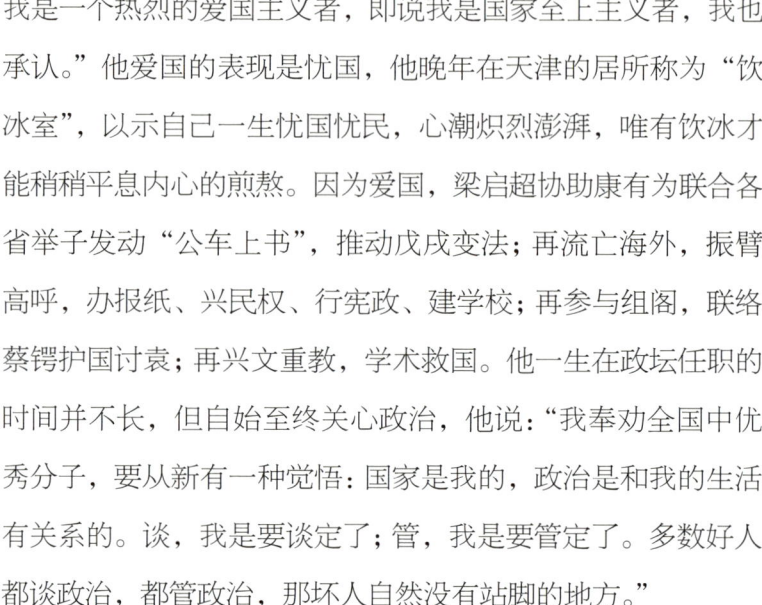

"新会梁启超印"印

　　梁启超的孩子们都生长在忧患年代，亲眼见证祖国的苦难，他们深受父亲的影响，每个人都具有深厚的家国情怀。梁启超常常教育孩子们："人必真有爱国心，然后方可以用大事。"他还结合国家发展的大势、社会进步的需要，来帮孩子们选择专业。譬如他曾建议思庄学习生物学，就是希望女儿填补国内这一学科领域的空白。他不愿意本国的文物和艺术品被外国人渐次夺去，所以希望思永选择考古学。在这一点上，孩子们没有辜负父亲的希望，无论是思成、徽因夫妇，还是思永、思庄，他们都成为本学科的"先行者""开拓者"，且注重西方科学理论和中国传统文化的有机结合。

　　而在国家危难之际，孩子们无论身在何处，都义无反顾地选择与祖国同呼吸、共命运，即使牺牲生命也在所不惜。思顺

掌握日本上流社会语体，很为日本侵略者看重，可她即便身处
沦陷的北平，也坚决不为日本人做一件事，始终保持高风亮节。
思成、徽因夫妇在日军的轰炸下一路西迁，儿子梁从诫问母亲，
如果日本人打到重庆，我们去哪里？林徽因指着长江的方向，
表示了投江殉国的决心。年轻的思懿、思宁两姐妹，都是花木
兰一样的巾帼英雄，一位成为抗日救亡爱国学生运动领袖，一
位成为光荣的新四军战士。连不到5岁就失去父亲的"老白鼻"，
也没有辜负家族的光荣传统，新中国一成立，他就带着学成的
知识回到祖国怀抱，完成父亲的遗愿，成为梁家科技报国第一
人。梁启超的九个子女中，有七个都曾在海外学习生活，却全

"双涛园"群童合影

部致力于建设祖国，没有一个人加入外籍。

　　除了对国家有大爱之外，梁启超在日常生活中也保有丰沛的感情。他爱父母、爱妻子、爱孩子、爱手足亲友，对亲人最肯"管闲事"，替人操心。他与夫人李蕙仙互敬互爱，既是患难之交，又是闺中良友。夫妻二人有很多共同话题，吃饭时有说有笑，等孩子们都吃饱喝足了，两人还聊个不停。晚上宾客散去，又常常闲谈，谈着谈着就到了深夜。他对第二位夫人王桂荃也很倚赖尊重。他多次给思顺等子女写信，在子女与王夫人中间联络感情，告诉孩子们王夫人对于自己和家庭的重要性，希望他们专门给王夫人来信，使她开心。他临终前对王夫人说："对不起，让你受苦了，孩子们就拜托你。"足见其对王夫人的信任。梁家子女的婚姻，无论是早期由父兄牵线，还是后来的自觅良缘，都堪称患难与共，幸福美满。梁启超很重视夫妻之间的感情、爱意，为孩子们在爱情观、婚姻观与择偶实践上，都树立了榜样。

　　对于子女，梁启超从不吝于表达自己的疼爱与关怀。梁启超大部分的时间与精力都投入繁复的社会事务与不间断的著述写作中，在这样极度繁忙的状态下，他仍然抽出很多时间，关心每个在身边和不在身边的孩子，对他们的性格爱好都了如指掌，给孩子们写的家书就有上百万字，大事小事都和他们沟通。与之相比，有些父母以工作忙而对子女疏于教育的借口，就显得十分苍白了。

　　梁启超对子女的爱坦白热烈又不失于尊重，有一次他对最爱的长女思顺说了些严厉的话，就立刻修书道歉，安抚女儿的情绪，几天后仍不放心，询问她是否还在难过。子女之间如有小矛盾，他也十分关注。对于梁思成和林徽因的婚事，李夫人原本不太同意，思顺听了母亲的话，也对徽因抱有先入为主的偏见。梁启超为此很是着急，极力调停，听说思顺改变了看法，他十分高兴，写信给孩子们说："思顺对于徽音感情完全恢复，我听见真高兴极了。"此后他又常向思顺夸奖徽因，希望她们和睦相处。在父亲积极、热烈的感召下，梁家手足相亲相爱，互相关心帮助，即便经历剧烈的社会变革，也从未改变。读思庄的女儿吴荔明所著《梁启超和他的儿女们》一书，就能感受到梁氏几代家庭成员间的深厚情谊。

3. 当代启示

家庭是社会的细胞、生活的港湾，也是未成年人主要的活动舞台。中国传统文化历来重视家风家教的传承，当今社会虽然较旧时已经发生了翻天覆地的变化，但家庭教育的重要性可谓有增无减。梁启超的家风家教中蕴含着宝贵的传承基因，对当代社会也有重要的启发借鉴作用。

情感是解决家庭问题的"良药"。梁启超给孩子们的家书有百万余字，是一家人沟通情感、分享见闻、塑造家风的重要方法与时代见证。家书里满是梁启超对子女求学、生活、健康、婚姻、职业等方面的具体指导。在子女的成长过程中，梁启超既是慈爱温柔的父亲，也是传道解惑的导师。他的教育，是建立在互相尊重、充分沟通基础上的教育；他的慈爱，又是浸润在理性务实和严格要求中的慈爱。

现在的许多家庭，往往存在忽视情感沟通，漠视夫妻、亲子交流的问题。有些父母忙于工作，试图用物质弥补孩子的情感缺失。有些父母不善言辞，虽然饱含无私的爱，却羞于流露，使家庭生活沉闷而缺乏快乐。有些父母只将自己的爱单向传递，不求回报，特别是把生活的磨难与愁苦压抑在心里，不肯用适当的方式向孩子诉说，没有让孩子了解父母支撑家庭、教养子女的不易。搭建情感沟通的桥梁，需要父母敞开心扉，毫不掩饰地表达对孩子的关怀，用正面的引导取代情绪宣泄式的批评与否定。父母与子女间的关系，或许可以向朋友关系转换，晓之以理、动之以情的平等交流，更有助于培养孩子对亲情、对人际关系、对社会责任的主动接纳。

除了情感沟通外，梁启超很注重运用科学的教育方法和得当的语言启发、指导孩子。他以因材施教为基础，了解每个孩子的性格特点、兴趣爱好、优势缺点，又擅长因势利导，结合他们的个人特点，循循善诱、不急不躁地指导他们的学业事业、情感婚姻。个人事业十分成功的父亲给子女提建议，往往以过来人自居，口气难免自以为是，很容易让年轻气盛的孩子生出逆反心理。读梁启超的家书，则全无这样的感受，而是满纸设身处地、有理有据，孩子们自然更为认可，继而沿着父亲指出的道路躬行实践。早年的梁启超是一位纵横捭阖的宣传家，最擅长切中人心，鼓动群伦，能写出"人人心中所有，而笔下断无"的绝妙文章。读他这些饱含深情的家书，更能体会到一代文豪的出色感染力。

今天的很多父母或是工作繁忙，或是性格粗枝大叶，没有在日常生活中细心观察孩子的性格特点、爱好长处，又对儿童和青少年成长各阶段的科学规律缺乏准确把握。许多父母望子成龙，从幼儿时期就强制孩子参加许多特长班、补习班，且具有较强的攀比心理，而忽略孩子的独特个性和真实需要。一旦发现孩子的厌学苗头，又往往采取简单粗暴的态度，一味地指责批评。梁启超一向主张趣味教育，在他看来，一个人活要活得有意思，学要学得有意思，生命才能充实，人才能常带着春天般欣欣向荣的气息。不科学的教育和不恰当的指责，往往让孩子迷失在五花八门却毫无乐趣的科目中，抑制他们的天资和特长，令他们丧失了孜孜不倦、津津有味的求索精神。

除了情感沟通和科学教育之外，对于物质条件较优越的家庭而言，不放纵，不溺爱，以身作则，营造积极向上的家庭氛围，不使孩子成为纨绔子弟，也非常必要。梁启超著作宏富，在日本流亡时稿费收入就很高，进入民国后，先担任政府高官，又在许多知名大学、文化机构任职，经济和社会地位都居于上流，日常往来的朋友也是非富即贵。可他从无奢靡的嗜好，对子女要求也非常严格，言传身教，为他们传授勤俭上进、重精神而轻物质的理念。他以自己为例对儿子思忠说："一个人若是在舒服的环境中会消磨志气，那么在困苦懊丧的环境中也一定会消磨志气。你看你爹爹困苦日子也过过多少，舒服日子也经过多少，老是那样子，到底志气消磨了没有？"梁启超去世后，梁家的家境远不如当年，加之社会动荡，几个年幼的孩子或远渡重洋，靠自己打工维持学业；或投身革命，在战火纷飞的环境下全力工作。即便思成、思永这样在优裕环境里度过青少年时代的大孩子，也都拖着病体，在西南大后方过着节衣缩食、笔耕不辍的生活。他们不曾因为自己是梁家的子女而骄矜，也没有被现实的磨难、坎坷所击倒，所谓不以物喜，不以己悲，才是真正的大家风范。

近几十年来，我们国家大多数人的物质生活都有了明显改善，部分家庭还达到了相当富裕的程度。一些富二代、富三代陆续长大，他们的成长环境和社会表现，在日常生活中和社交媒体上都格外引人注意。对一个孩子来说，从小有较充足的物质保障，而不必在最基本的生存问题上辛苦打拼，固然有利于他的身心健康，也可以使他腾出体力精力，追求更丰富的人生价值。但如果不能得到父母正确的引导、严格的要求，以致贪图安逸享乐，成了"败家子"，乃至倚仗财势胡作非为，那就实在是变利为害，既耽误了自己，也辜负了父母。而物质相对贫乏的家庭，父母更应教育孩子立志向上，在困顿中磨练身心。梁启超自己就是偏远之地的农家子，他十分看重的女婿周希哲，也家境贫寒。这些杰出的人物，都可以作为孩子们成长过程中用以自勉的榜样。

至于梁启超身体力行，教育子女要始终饱含深厚的爱国热忱，以中国传统文化的接续者、世界新学术的引进者为己任，则是更高层面上的追求。今天的家长也可以试着通过为孩子选择榜样人物、选择经典图书、带孩子到各处旅行参观等开阔眼界的方式，对他们进行相应的思想教育。或许，阅读梁启超给孩子们的书信，就是一个很好的入门路径。

第二章

家国情怀

导　读

　　1900 年，新世纪刚刚到来，流亡海外的"少年政治家"梁启超在澳洲写下《少年中国说》，希望为有着悠久历史的"老大帝国"，开出"有土地""有人民""有主权"的现代新面貌。展望未来，梁启超的笔触，就像他一向擅长的那样，带着排山倒海的汹涌情怀。梁启超是"中华民族"概念最早的使用者。一个现代化的国家，属于中华民族整体，每个人都需要肩负起自己的责任。梁启超履行了什么责任？他做好了榜样没有？人到中年时，他回顾自己的半辈子，又这样说道："我的中心思想是什么呢？就是爱国。我的一贯主张是什么呢？就是救国。我一生的政治活动，其出发点与归宿点，都是要贯彻我爱国救国的思想与主张。"

　　梁启超是位优秀的政治活动家，他的政论文感染过一代又一代青年。但我们在这里不提他政治上的名篇，而是走进他的家庭，看看他写给孩子们的书信。家书写给最亲近的人，这里能看到更多真情实感，带我们回到那个风雨飘摇的年代。

　　第一组家书，有关梁启超参与护国战争、反对袁世凯称帝的经历。袁世凯是梁启超的老对手了。1898 年，袁世凯在戊戊政变中倒向以慈禧太后为首的保守势力，导致维新变法失败，梁启超与老师康有为流亡日本。1911 年，辛亥革命爆发。1912 年，中华民国成立，颁布《中华民国临时约法》，确定共和政体与内阁制度。政局初定，梁启超要为国尽力，只有参与民国的制度建设。袁世凯当选为民国大总统后，梁启超短暂地出任司法总长。腐败的政局中，他的政治抱负难以施展，一再提出辞职。袁世凯的野心却在不断膨胀，紧锣密鼓地鼓吹帝制。1915 年，日本提出旨在灭亡中国的"二十一条"，袁世凯出于个人野心无法明确拒绝。这一年底，梁启超终于旗帜鲜明地反对袁世凯，秘密出逃，与门生蔡锷发起护国战争，军事倒袁。在冒险中、在战场上，梁启超给最大的孩子思顺写下很多信，既谈责任与决心，又吐露痛苦与思念。思顺是梁启超的得力助手，此时只有二十出头的年纪，冒着危险撑起家庭。梁启超把思顺当成倾听者，时时向她讲述政治细节，也参考她的意见。这是政治教育，是生活中的实践，是以身作则。到 1927 年时，梁启超又对已经长大的思忠表示过："我自己常常感觉我要拿自己做青年的人格模范，最少也要不愧做你们姊妹弟兄的模范。"

第二组家书，有关梁启超漫游欧洲之后，对传统文化的认识。梁启超旅欧的初衷，是借第一次世界大战结束的契机，观摩 1919 年的巴黎和会，"将我们的冤苦向世界舆论伸诉伸诉，也算尽一二分国民责任"，是一种民间外交。但战后破败的欧洲，让梁启超开始反思西方不断扩张的现代物质文明。梁启超用乐观的眼光，去看待中国的传统文化，认为它可能是治愈"现代病"的良药。他开始尝试去综合中国与西方两种文化。他这个时期的书信中，不仅体现着对西方文化的观察和接纳，也体现着对中国文化的自信。

访欧旅程中有个小插曲。梁启超来到伦敦，探访亚当·斯密的故居，发现故居竟然变成了马厩。当晚在欢迎宴会上，梁启超把这件事告诉在座的英国名流，发现英国人也没有参观过这位"现代经济学之父"的遗迹。梁启超诘问英国人，他们一向尊重先哲，为什么对这位文化先驱这样冷淡？甚至写了一封信给伦敦市长，让他好好修葺亚当·斯密的故居。他在家书中提到这件事，感慨"好管闲事至此，不禁哑然自笑也"。对别的国家的文化，梁启超都这样热心，何况对自己国家的文化呢？

要讲好中国文化的故事，必然要回溯中华文明的源头。这里我们选择的**第三组家书，便是有关中国考古学的摸索起步**。考古学是很年轻的现代学科，但却关系着中华文明起源和发展的历史脉络。梁启超对这门新兴的科学，有着敏锐的"学术触觉"。在《中国史叙论》中，他首开生面，介绍丹麦考古学家汤姆森的史前史分期，即石器时代、青铜时代、铁器时代的划分。1926 年 10 月，瑞典王储古斯塔夫·阿道夫作为万国考古学会会长访问中国，梁启超参加欢迎会，作了《中国考古学之过去及将来》的演讲。他认为的"中国考古学之过去"，指的是金石学传统。他喜欢收藏、考释金石拓片，但金石学与考古学之间，还是存在着古典与现代的巨大区别。他在演讲中的

展望则是现代化的——他希望
继承传统，引进现代考古学新
理论，也希望加强田野考古发
掘，呼吁高校普遍开设考古专
业。这组书信中提到的清华学
校考古队，每一位参与者受过
的训练都不相同，他们走到一
起，多少有关梁启超的"人脉"。
梁启超访欧时，随行的有一位
地质学家丁文江，丁文江当过清华大学筹备顾问，向梁启超推
荐了好友李济入职清华学校。李济毕业于清华学校，在美国哈
佛大学攻读人类学博士，从事体质人类学研究。另一位考古队
员袁复礼，和丁文江是同行，就职于农商部地质调查所。"掘
地"与"识人"两方面俱备，考古学就顺理成章地"现代化"
了吗？梁启超在家书中提起，李济说"他们两个人都是半路出
家的考古学者，真正专门研究考古学的人还在美国"——这说
的是梁思永。梁启超听了既替思永高兴，又替他惶恐。在考
古学领域，梁启超凭借着敏锐的预判能力，给了思永关键的
推力。

　　说到这里，就让我们贴近这些亲切的书信，看看梁启超
对自己的孩子们，怎样讲述"现实中的中国"与"文化上的
中国"。

1931年，董作宾（左
一）、李济（左二）、
傅斯年（左三）、梁
思永（左四）在河
南安阳小屯考古时
合影

致梁思顺书，1913年2月7日^①

　　得泷谷书^②，大誉汝。谓试验之结果，为彼邦男学生所不逮^③。试思我闻此，喜慰何如耶？恨遣汝就学太迟，时日太促，不能得大成耳。吾因汝前此曾因学致病，至今谭虎色变^④，故累信戒勿欲速^⑤，实则吾岂愿一日离汝哉。吾每遇有拂意事^⑥，辄思汝耳（日来拂意事颇多，顷念汝切也）^⑦。

　　张将军（勋）昨专人来迎我，谓我若肯往，彼将率全军郊迎。吾今安能往（为人所忌）？只能以游孔林、游泰山为名，乃得一往耳。愿此游，吾已许与汝偕矣。

　　国中大乱非久，且至久，恐终无此从容游宴之时也^⑧。实则四月以后，无论局面如何，我身必卷入旋涡中，当天下极险艰之冲，断无复余暇以享家庭之乐，其时宜移家与否，

---

① 本书所收家书，基本依据《梁启超未刊书信手迹》进行整理，个别篇目依据《南长街54号梁氏档案》《梁启超年谱长编》《梁启超和他的儿女们》进行整理。特此说明。
② 泷谷：梁思顺在日本的老师。
③ 不逮：比不上。
④ 谭：同"谈"。本书为简体排印本，因此将家书中的繁体字、异体字规范为简体字。为保留家书原貌及当时用字特点，通假字等基本不作改动。特此说明。
⑤ 戒：同"诫"，告诫，劝告。
⑥ 拂意：不合心意。
⑦ 本书家书括注内容绝大部分为原信正文旁小注，少量为原信括注内容。特此说明。
⑧ 游宴：交游宴饮。

尚在不可知之数耳。言念及此，辄思东渡度旧腊^①，省视汝母及汝曹^②，作十日闲散，但此愿亦岂易偿者，姑妄言之而已^③。与人家国事，无往而非困心衡虑之地^④，但终已不能忘天下，则茹荼啮蘗亦固其所耳^⑤。我十年来实太自佚乐，今固宜受苦辛也。顷熊秉丈、潘若丈在此夜谭方散（若丈自吾归后，往来南北已三次，其坚苦卓绝，真可敬也）^⑥，已将拂晓矣。有所怅触^⑦，作书告汝，每得汝书或寄汝书，皆能减我苦痛也。

……

示娴儿。

正月二日　饮冰^⑧

【解析】

　　辛亥革命之后，梁启超于 1912 年回国。因为政治影响力与国际声誉，梁启超一下船便受到北京各界人士的热烈欢迎。

---

① 旧腊：农历十二月。

② 省视：看望。汝曹：你们。

③ 姑：姑且。

④ 困心衡虑：出自《孟子·告子下》："困于心，衡于虑，而后作。"表示费尽心力，经过艰苦的思考。

⑤ 茹荼啮蘗（rútú-nièqú）：茹，吃。荼，苦菜。啮，啃。蘗，应作"檗"（bò），此处误作"蘗"。檗，同"檗"（bò），落叶乔木，俗称黄柏，味苦。啮蘗，食用黄檗，比喻食物之味如黄檗之苦，与"茹荼"同义。

⑥ 熊秉丈：熊希龄（1870—1937），字秉三，湖南凤凰人。与梁启超过从甚密，参与戊戌变法。在北洋政府中任财政总长和热河都统。晚年从事社会慈善活动。潘若丈：潘之博（1869—1916），原名博，字若海、弱海，广东南海人。康有为弟子。以诗词闻名。

⑦ 怅（chéng）：触动。

⑧ 饮冰：梁启超号饮冰室主人。出自《庄子·人间世》："今吾朝受命而夕饮冰，我其内热与。"表示忧虑内热，需要饮冰。

袁世凯对他极力拉拢，各路官僚与社会名流纷纷来访。然而腐败的政治、动荡的社会，以及袁世凯软弱的外交政策，让他在政局中失望又难过。

这封信写于1913年初，梁启超在政治上已经陷入苦闷的泥潭。他在天津安家，想尽量躲开北京的人事。度过残冬，他心神不宁，只好读书习字、看花访友，安慰心灵。

思顺小字令娴，梁启超在信中常叫她"娴儿"。她暂不回国，是为了不中断学业。1912年，梁启超开始意识到专门的社会科学教育的重要性，因此聘请了几位日本学者，作为家庭教师辅导思顺学习法学和经济学。考虑到思顺的教育完整性，梁启超反复去信强调，他很想思顺回来陪自己，但更希望她多学知识。思顺是家中第一个孩子，她幼年时，梁启超可能在流亡中没有条件，也可能还没有摆脱自己受的传统教育的影响，没有送她上大学。但随着思顺长大，梁启超开始考虑让她多接受政治、经济方面的现代教育，这或许也寄托着他对未来政治的某种希望。

梁启超的预感是对的。不久，他就像信里说的，卷入政治旋涡之中，面对天下极端艰险的关口，再也没有时间享受家庭的欢乐。1913年3月20日国民党领袖宋教仁遇刺，7月二次革命爆发，10月6日袁世凯被选为正式大总统，11月4日袁世凯解散国民党并破坏国会。梁启超在动荡的政局中甚至受到很多死亡威胁，但在这封信里，他早已下定决心——作为一个深爱自己国家的救国者，"终已不能忘天下"。

致梁思顺书，1916年2月8日

　　书及禧柬并收，屋有售主，速沽为宜^①，第求不亏已足^②，勿计赢也^③。

　　此着既办，冰泮后即可尽室南来^④。赁庑数椽^⑤，荠盐送日^⑥，却是居家真乐。孟子言："生于忧患，死于安乐。"汝辈小小年纪，恰值此数年来无端度虚荣之岁月，真是此生一险运。吾今舍安乐而就忧患，非徒对于国家自践责任^⑦，抑亦导汝曹脱险也^⑧。吾家十数代清白寒素^⑨，此乃最足以自豪者，安可逐腥膻而丧吾所守耶^⑩？此次义举虽成，吾亦决不再仕宦^⑪，使汝等常长育于寒士之家庭，即授汝等以自立之道也。

　　吾近来心境之佳，乃无伦比，每日约以三四时见客治

①　沽：卖。
②　第：但。
③　赢：获利。
④　冰泮（pàn）：冰雪消散，指开春。
⑤　庑（wǔ）：正房周围的小屋子，泛指房子。椽（chuán）：房屋间数的代称。
⑥　荠盐：指粗茶淡饭。
⑦　徒：只，仅仅。践：履行。
⑧　抑：或是。
⑨　寒素：门第寒微，清苦简朴。
⑩　腥膻（shān）：比喻物质诱惑。
⑪　仕宦：做官，从政。

事①，以三四时著述，余晷则以学书（近专临帖不复摹矣）②，终日孜孜，而无劳倦，斯亦忧患之赐也。

此书钞示成、永两儿，原纸娴儿保之。

二月八日

【解析】

1916 年对梁启超来说，是动荡又关键的一年。民国初年短暂从政之后，他逐渐发现，人生的又一场战斗已经拉开序幕，这是职责所在，无可回避。在刚刚过去的 1915 年，梁启超写下《异哉所谓国体问题者》，尽最后一次努力规劝袁世凯，阻止他称帝。袁世凯知道了，花二十万银元来收买梁启超，让他不发表这篇文章。遭到拒绝后，又威胁说："你十几年来受够了做亡命之徒的苦，何必再自讨苦吃？"梁启超斩钉截铁地回答，他宁可再度流亡，也不与腐败政治为伍。1915 年 12 月 12 日，袁世凯发布接受帝位申令。12 月 16 日，梁启超离开天津的家前往上海，全力投入倒袁运动。1916 年初，梁启超奔波之中写下这封家书。思顺收信时已经回国，留在天津照顾家庭。

梁启超让思顺保存着这封信，还要抄给思成、思永看，说明信里的内容很重要。他向孩子们强调忧患。生活有多么忧患呢？他是偷跑去上海的，为了掩饰意图，还申请赴美护照做"烟雾弹"。这一走未必能回来，天津的房子不如卖掉，所以他告诉思顺，房子能卖就卖，不亏就行，不要想着赚钱。

① 治事：做事。
② 晷（guǐ）：日影，借指时光。

走的时候，他装扮成人力车夫，摆脱袁世凯的耳目。袁世凯
知道后震怒，杀了监视梁启超的便衣警察，并发布"上谕"，
声称"务获梁启超，就地正法"，还附上照片，比戊戌变法
失败时清政府的缉捕还要严密。但梁启超在这里，把苦难和
危险严肃地告知孩子们。他说，他进入袁世凯政府做官，孩
子们小小年纪，也跟着过了几年虚荣的岁月，这对成长未必
是好事。他作为父亲，现在去经历苦难，不仅是履行对国家
民族的责任，也引导孩子们磨练意志品质。梁家十几代过着
清白朴素的生活，足以自豪，哪能为了物质诱惑放弃坚守？
他期待从此全家简单度日，哪怕只是粗茶淡饭，一家人齐齐

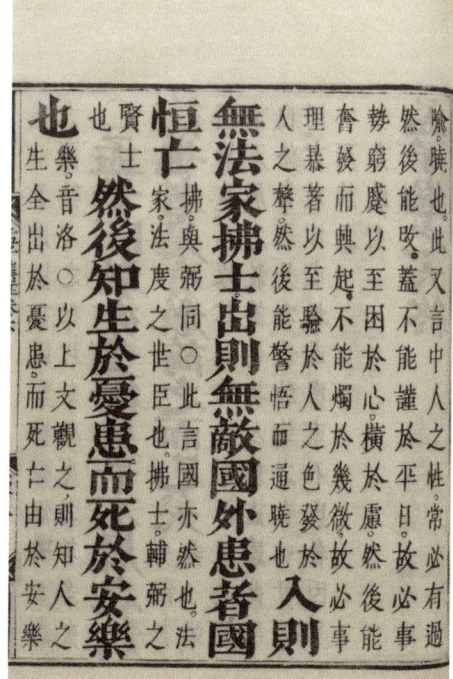

《孟子集注》书影

整整，也是快乐的。

"生于忧患，死于安乐。"孟子这句话影响中国人至深。人生本是苦中作乐的旅途，没有经过忧患淬炼的安乐是危险的。就像梁启超在名篇《最苦与最乐》中提到的："大抵天下事从苦中得来的乐才算真乐。人生须知道有负责任的苦处，才能知道有尽责任的乐处。这种苦乐循环，便是这有活力的人间一种趣味。"

致梁思顺书，1916年3月3日

　　吾明日行矣。此行似冒险，而实万全，勿以为念。本欲令此间眷属即返津，因吾寓左右侦者四布，忽焉尽室而行，彼必踪迹吾所往①，恐缘此路上生波②，故同人之意谓宜勿动，并所雇之印捕亦仍其旧③，待吾到目的地后，有电来乃可他往，故暂仍之④。希哲亦暂不随行，因此间尚有经手未了之件也。任发亦不带⑤，铺盖亦不带，惟孑身挟两革囊行耳⑥。

　　汝母归宁之议⑦，尚须从缓，好在距八月尚有半年，届时或吾同行，亦未可知也。吾有一手写极贵重之品，赉与思成（钉装完成当交存王姨处，现尚未完也）⑧。为生日纪念，可告之令其力学，思永成绩若良，吾亦将有以赉之。

三月三日谕⑨

---

① 踪迹：跟踪。

② 生波：产生波澜。

③ 印捕：英印警察。

④ 仍之：照原样。

⑤ 任发：梁启超的仆人，广东人，有武功。

⑥ 孑（jié）身：孑然一身。

⑦ 归宁：出嫁的女子回娘家。

⑧ 赉（lài）：赏赐，给予。

⑨ 谕：告知。

【解析】

1916 年 2 月 28 日，梁启超与数位密友在上海默默庆祝了 43 岁阴历生日。不到一周，他突然将陪同他的家人、朋友、仆从留在上海，拎着两个行囊独自隐没在人群中。临行前一日，给思顺留下这封家书，说这一路"似冒险，而实万全，勿以为念"。

前一年底，梁启超的得意门生蔡锷在云南起义，发起武装反对袁世凯的护国战争，通告全国的电报多出自梁启超之手。由于担心四川、广西两省观望不决，不能支援云南，梁启超亲自前往广西，劝说桂系军阀陆荣廷起义。梁启超在上海的居所，周围密布侦探和杀手，不得不雇印度巡捕防身。为了避人耳目，每日由远邻送饭两次，电灯、自来水都不通。离开时随行人员"按兵不动"，麻痹袁世凯的耳目，等梁启超发来安全的电报，才能自由活动。在这奔忙、危险又痛苦的时候，梁启超做了什么呢？上封信里他说，每天花三四个小时见客人、做事情，花三四个小时写东西，联络倒袁军事领袖，草拟起义的公告，剩下的时间拿来学书法、临碑帖。要知道，书法是要静得下心来写的。他在上海题过字的碑帖，后来还留下好几种。可见梁启超在危机中保持着平稳的心态。

这里他又提到，留下一份书法作品，准备当作生日礼物给思成，让思顺告诉思成好好学习。如果思永成绩好，也有礼物送给思永。思成的生日是 4 月 20 日。我们不知道梁启超留给思成的是什么，但此刻，只怕他已经做好了一去不回的准备了。从这封信起，他作为父亲，一遍一遍宽解思顺"勿以为念"。离开上海后取道越南进入广西,他又说"自此以往皆坦途,可勿念"。路上不一定尽是坦途，只有在心里坦坦荡荡，才能从容上路。

　　而 23 岁的思顺，见证了父亲半年曲折的军事冒险，同时母亲李蕙仙还在准备乳腺癌手术，丈夫周希哲时刻准备听从父亲的召唤，她还要看护弟弟思成、思永，保证他们在学校的安全，带着他们一同阅读家书。年轻的思顺也交出了一份完满的答卷。

致梁思顺书，1916年3月20—21日

　　吾居此山陬四日矣[①]。今夕乃忽烦闷不自聊（主人殷勤乃愈增吾闷），盖桂使尚须八九日乃至也。最苦者烟亦吸尽（无可买，夜间无茶饮，饭亦几不能入口，饥极，则时亦觉甘），书亦读尽，一灯如豆，虽有书亦不能读也。

　　前此三日中作文数篇（有日记寄去，已收否？不见日记则不知吾此书作何语也）。文兴发则忘诸苦，今文既成，而心乃无所寄，伥伥不复能为怀[②]。此间距云南仅三日程，吾悔不于初到时即一往彼（吾深负云南人，彼中定怨我矣）。稍淹信宿[③]，更折而回，犹未晚也。

　　呜呼，吾此时深念吾爱女，安得汝飞侍我旁耶？吾欲更作文或著书以振我精神，今晚已瞢瞢不能属思[④]，明日誓当抖擞一番也。吾欲写字，则又无纸，箧中有笺数十幅，珍如拱璧[⑤]，不敢浪费也。离沪迄今虽仅半月，而所历乃至诡异，亦不能名其苦乐，但吾抱责任心以赴之，究竟乐胜

① 山陬（zōu）：山脚。
② 伥伥（chāngchāng）：无所适从的样子。
③ 信宿：连住两夜。
④ 瞢瞢（méngméng）：昏昧糊涂的样子。
⑤ 拱璧：拱，两手合围。两手合围那么大的玉璧，比喻珍贵之物。

于苦也。约廿七八乃能行，行半月乃能至梧州，此后所历更不知若何诡异，今亦不复预计。

极闷中写此告家人。

三月二十日　由帽溪山庄①

孟曦昨日至海防②，即夕入云南，觉顿早安抵梧州③。

嗟夫思顺④，汝知吾今夕之苦闷耶？吾作前纸书时九点耳，今则四点犹不能成寐。吾被褥既委不带，今所御者⑤，此间佣保之物也，秽乃不可向迩⑥。地卑湿，蚤缘延榻间以百计，嘬吾至无完肤。又一日不御烟卷矣（能乘此戒却，亦大妙）。今方渴极，乃不得涓滴水。一灯如豆，油且尽矣。主人非不殷勤，然彼伧也⑦，安能使吾适者。汝亦记台湾之游矣⑧，今之不适，且十倍彼时耳。因念频年佚乐太过⑨，致此形骸习于便安，不堪外境之剧变，此吾学养不足之明证也。人生惟常常受苦乃不觉苦，不致为苦所窘耳。更念吾友受吾指挥效命于疆场者，其苦不知加我几十倍，我在此已太安适耳。吾今当力求睡得，睡后吾明日必以力自振，誓利用此数日间著一书矣。

二十夜向晨

①帽溪山庄：日本驻越南海防领事横山固经营的牧场。

②孟曦：黄大暹（1883—1917），字孟曦，重庆永川人。曾留学日本，与梁启超、蔡锷等结为知己。

③觉顿：汤睿（1878—1916），又名为刚，字觉顿，号荷庵，广东番禺人，祖籍浙江诸暨。康有为弟子。

④嗟夫：感叹。

⑤今所御者：御，使用。现在使用的东西。

⑥向：近，临。

⑦伧（cāng）：粗野。

⑧台湾之游：梁启超于1911年携梁思顺、汤觉顿赴台湾考察，写下《游台湾书牍》。

⑨频年：连续几年。佚乐：悠闲安乐。

　　此间寄书殊不易①，吾且作此留之，明日或更有所作，积数纸乃寄也。

　　吾今日已甚好，已着手著书，可勿念。

廿一日

【解析】

　　梁启超于 1916 年 3 月 4 日离开上海，5 日袁世凯就在两广展开追捕，7 日梁启超与友人黄群等人抵达香港，11 日乘日本运煤船前往越南洪崎。梁启超不能暴露身份，冒名为日本人，因此无法办理护照，只得在 3 月 16 日由日本驻越南海防领事横山固偷渡带入海防。次日横山将梁启超送到自家牧场帽溪山庄藏身，等待广西方面接应。当日下午黄群经滇越铁路赴昆明，留下梁启超一人，写这封信时，已经"居此山陬四日"。

　　因为冒名潜伏，梁启超扔掉了全部行李，只留一个小皮包，也没有随身衣物。帽溪山庄条件很差，如信中所说，盖的被子臭不可闻，房间内到处都是跳蚤，叮咬得他体无完肤。作为一个喜欢阅读的人，身边没有书，更没有志趣相投的友人在旁，一吐忧国之怀。与征战疆场者相比，梁启超自觉过得太安逸，但其实 20 日这一天他因水土不服生了病。第二天上午还好，下午高烧不退，独自一人居于荒山，"灯火尽熄，茶水俱绝，此时殆惟求死"，次日才被人发现，服下草药，再晚一天，可能就没救了。

―――――――

① 殊：很。

梁启超更担心受他指挥上战场的朋友们。信中提到的友人黄孟曦、汤觉顿，与梁启超共谋义举，已经提前经梧州进入广西。二人与梁启超相识多年，在投身救国中结下了深厚的友谊。不幸的是，4 月汤觉顿作为陆荣廷和梁启超的特使，去广州安抚军阀龙济光，在龙氏纵容的"海珠事变"中遇难。次年 7 月，黄孟曦牺牲于蔡锷逝世后四川军中的夺权内讧。为国担负责任，是真正要经历九死一生的。梁启超明白，自己已然是幸运的，只有竭尽所长做出贡献，才能对得起身处险境的朋友们。所以病愈之后，他放下所有心事，花三天时间便写出《国民浅训》一书，感到非常痛快。

值得一提的是，梁启超的弟子、历史学家吴其昌在《梁任公先生别录拾遗》回忆起老师时说过，梁启超在一路惴惴，不知将死何处，却总能化险为夷时，突然感到恐惧，分析道："日本动员其官、军、商、居留民、间谍、浪人全力以助余，虽孝子慈孙之事其父祖，不能过也。夫日人果何爱于余，何求于余，而奉我如此乎？"梁启超在此之前，较为天真地以为日本人的帮助是出于道义良善，想明白日本人的野心后，他不寒而栗，"遂转觉每个日人，皆阴森可怖！吾乃知拟日人以猛虎贪狼，犹未尽也"。梁启超对日本人野心和时局的判断，不幸而言中。

致梁思顺书，1919年12月2日

　　得十月廿一日禀①，甚喜。总要在社会上常常尽力，才不愧为我之爱儿。人生在世，常要思报社会之恩，因自己地位做得一分是一分，便人人都有事可做了。

　　吾在此作游记②，已成六七万言，本拟再住三月，全书可以脱稿。乃振飞接家电③，其夫人病重（本已久病，彼不忍舍我言归，故延至今），归思甚切。此间通法文最得力者，莫如振飞，彼若先行，我辈实大不便，只得一齐提前。现已定阳历正月廿二日船期，约阴历正月杪可到家矣④。一来复后便往游德国⑤，并及奥、匈、波兰，准阳历正月十五前返巴黎，即往马赛登舟，船在安南停泊一两日，但汝切勿来迎，费数日之程，挈带小孩⑥，图十数点钟欢聚，甚无谓也。但望你一年后必归耳。

十二月二日　父示娴儿

---

① 禀：指下对上报告。
② 游记：《欧游心影录》。
③ 振飞：徐新六（1890—1938），字振飞，浙江杭州人。曾赴英国、法国留学。1918年底，陪同梁启超赴欧洲考察。
④ 杪（miǎo）：指年、月或四季的末尾。
⑤ 来复：《周易》复卦有"七日来复"之语，指一周七天。
⑥ 挈（qiè）带：携带，带领。

1919 年，中国欧洲
考察团于法国巴黎
合影，前排左三为
梁启超

【解析】

　　1918 年底，梁启超赴欧洲考察，大开眼界之余，也不忘
自己肩负的责任。他在信中提到的游记，是其后出版的《欧游
心影录》，其中有一篇《中国人之自觉》，在文中他展望中国文
明的未来，认为中国人对世界文明的最大责任就是化合中西，
创造出新的文明。因此一路上，他坚持学习。1919 年 8 月的
时候，他在信里感慨"吾近来读书已用眼镜，噫！垂垂老矣"。
但在 11 月的信中，他还描绘了自己白天学英语、晚上写文章
的情形，说自己的英文已经达到能大致读书读报的水平了。

　　也正是因为这份责任心，梁启超在信中也勉励思顺多为社会做事，甚至"人生在世，常要思报社会之恩"。到1922年，思顺已经是三个孩子的母亲，由于之前流亡中没有进入公共学校接受高等教育，梁启超还在鼓励她继续用功："汝能继续求学甚好。汝学本未成，汝为我爱儿，学问仅如此，未为尽责也。"思顺读书时学的是法学、经济学，也是"在社会上尽力"的知识。

　　梁启超的利益观受英国"功利主义"哲学影响很多。这种哲学认为，人类的行为动机是利己的，为了对自己好，人们逃避痛苦，追求快乐，但某些种类的快乐比其他的快乐更有价值、更值得追求。梁启超在《最苦与最乐》中提过，苦中得来的乐才是真正的快乐，这就是值得追求的。在《十种德性相反相成义》中，梁启超又讲，能够对社会、对族群、对国家有利，就是一种利己，因为自身的发展离不开国家和群体的利益，因此"真能爱己者，不得不推此心以爱家、爱国，不得不推此心以爱家人、爱国人"。梁启超能在刻苦的学习和严肃的社会责任感中扎下根来，保持着学习的习惯，这是因为他能为自己找到真正的快乐，享受其中。他也用这种经验教导孩子。

致梁思成书，1923年5月

父示思成：

吾欲汝以在院两月中取《论语》《孟子》，温习谙诵[1]，务能略举其辞[2]，尤于其中有益修养之文句，细加玩味。次则将《左传》《战国策》全部浏览一遍，可益神智，且助文采也。更有余日，读《荀子》则益善。各书可向二叔处求取。《荀子》颇有训诂难通者[3]，宜读王先谦《荀子集解》[4]。可令张明告藻玉堂老王取一部来[5]。

【解析】

1923 年 5 月 7 日，梁思成与弟弟梁思永乘车参加"二十一条国耻日"纪念活动，在南长街路口被军阀金永炎的汽车撞伤，思成腿部骨折，留学美国的计划不得不推迟一年。尤为可气的是，金永炎身为陆军次长、总统黎元洪亲信，撞了人居然没有下车，而是扬长而去，待舆论谴责才来道歉。而假如没有梁启

---

① 谙（ān）诵：熟读。
② 举：提出，列举。
③ 训诂：解释古汉语词义、语法、修辞等。
④ 王先谦（1842—1918）：字益吾，号葵园，湖南长沙人。清末经学家、训诂学家。
⑤ 藻玉堂：民国时期天津与北京各有一家名为"藻玉堂"的古籍书店。思成在北京协和医院住院，"老王"或指北京"藻玉堂"店主、版本鉴定专家王子霖。

超的影响力，平民的遭遇可想而知。

思成住院两个月。赴美之前，梁启超安排思成在院中读古籍，因为他认为中国与西方两种文化不可偏废。梁启超有一篇《治国学杂话》，是写给作为"留美预备学堂"的清华学校的学生的寄语，他说："诸君回国之后，对于中国文化有无贡献，便是诸君功罪的标准。任你学成一位天字第一号形神毕肖的美国学者，只怕于中国文化没有多少影响。若这样便有影响，我们把美国蓝眼睛的大博士抬一百几十位来便够了，又何必诸君呢？诸君须要牢牢记着你不是美国学生，是中国留学生。如何才配叫作中国留学生，请你自己打主意罢。"这份给思成的书单，大概也是相似的用心。

《论语》《孟子》是"四书"中的两种。宋代大儒朱熹非常推崇"四书"，因为它们分别讲述了孔子、孟子等人的言行修养，把"仁""义"这样的儒家道德融入生活实践中。《左传》《战国策》是先秦史书，展现了中国历史上升期先贤的精神面貌，不但有机辩、有谋略，且文学价值很高，留下很多成语典故，可增进神智文采。《荀子》则是儒家中的现实派。孟子认为人性是善的，每个人都有做好人的机会；荀子则认为人性是恶的，需要礼法的约束与教导。因此在漫长的封建王朝时期，《荀子》不受重视。晚清学者救亡图存，希望建设现代法治，开始注意到《荀子》。因为长期被忽视，《荀子》有很多语言现象和历史背景不容易被理解，梁启超推荐了前辈学者王先谦的《荀子集解》作为入门书。

不过王先谦可没给梁启超留下什么好印象。戊戌变法时，梁启超任教于长沙时务学堂，宣传变法维新，王先谦作为长沙乡绅，害怕激进改革，拿着梁启超的课本找上了湖广总督张之洞，要求镇压叛逆。所幸支持变法的湖南巡抚陈宝箴听到消息，连夜让梁启超换掉课本，才逃过一劫。1923 年时，王先谦已经去世。梁启超想起他的书，没有任何迁怒，态度十分客观。这封信中所列书单的公心可见一斑。

致孩子们书，1925年7月10日

孩子们：

我像许久没有写信给你们了。但是前几天寄去的相片，每张上都有一首词，也抵得过信了。

今天接着大宝贝五月九日，小宝贝五月三日来信，狠高兴①。那两位"不甚宝贝"的信，也许明后天就到罢？

……

庄庄，你的信写许多有趣话告诉我，我喜欢极了。你往后只要每水船都有信，零零碎碎把你的日常生活和感想报告我，我总是喜欢的。我说你"别要孩子气"，这是叫你对于正事——如做功课与及料理自己本身各事等——自己要拿主意，不要依赖人。至于做人带几分孩子气，原是好的。你看爹爹有时还"有童心"呢！

你入学校还是在加拿大好。你三个哥哥都受美国教育，我们家庭要变"美国化"了！我狠想你将来不经过美国这一级（也并非一定如此，还要看环境的利便），便到欧洲去，所以在加拿大预备像更好。稍旧一点的严正教育，受了狠有益，你还是安心入加校罢。至于未能立进大学，这有什

_____

① 狠：同"很"。

么要紧？"求学问不是求文凭"，总要把墙基越筑得厚越好。你若看见别的同学都入大学，便自己着急，那便是"孩子气"了。

……

思成看着许多本国古代美术，真是眼福，令我羡慕不已。甲胄的扣带，我看来总算你新发明了（可得奖赏），或者书中有讲及，但久已没有实物来证明。

昭陵石马怎么会已经流到美国去①，真令我大惊！那几只马是有名的美术品，唐诗里"可要昭陵石马来"②，"昭陵风雨埋冠剑，石马无声蔓草寒"③，向来诗人讴歌不知多少。那些马都有名字——是唐太宗赐的名，画家、雕刻家都有名字可考据的。我所知道的，现在还存四只。（我们家里藏有拓片，但太大，无从裱，无从挂，所以你们没有看见。）怎么美国人会把他搬走了！若在别国，新闻纸不知若何鼓噪，在我们国里，连我怎么一个人，若非接你信，还连影子都不晓得呢！可叹，可叹！

……

夜深了，不和你们顽了④，睡觉去。

七月十日　爹爹

……

———————

① 昭陵石马：昭陵是唐太宗李世民的陵墓，石马是陵寝北麓祭坛内的六块浮雕石刻。
② 可要昭陵石马来：出自唐代诗人李商隐《复京》："天教李令心如日，可要昭陵石马来。"
③ 昭陵风雨埋冠剑，石马无声蔓草寒：出自唐代诗人薛逢《汉武宫辞》："茂陵烟雨埋弓剑，石马无声蔓草寒。"
④ 顽：同"玩"。

【解析】

这是梁启超第一篇使用了新式标点符号的家书，写的时候还分了段。梁启超不断追求进步，他的信也渐渐从文言文改成了白话文。

思成、思永、思忠三个孩子都留学美国。17岁的思庄离家求学，梁启超怕家庭变得"美国化"，想让思庄到加拿大受"稍旧一点的严正教育"。教育既然严格，思庄就要先补习英语，不能马上读大学，梁启超要她沉住气，不必"孩子气"地着急。这和生活中不一样，做人生活中带几分"童心"，原是好的。

思成在美国宾夕法尼亚大学读书，在学校博物馆看到了国宝昭陵石马。那是唐太宗李世民陵前的石刻，表现的是太宗平定天下骑过的六匹战马，画家阎立本绘图起样，太宗亲自作赞，书法家欧阳询书于石上。六骏分别为特勒骠、青骓、什伐赤、飒露紫、拳毛䯄、白蹄乌。唐代是一个非常开放又自信的时代，这些很特别的名字可能并不是汉语，而是来自突厥语或波斯语。可想而知，这些文物在我国文化中有着怎样的意义。可惜的是，拳毛䯄、飒露紫于1914年被凿成碎块盗卖于国外，后入藏美国宾夕法尼亚大学考古与人类学博物馆。其余四骏也于1917年被打碎，幸而盗运时被截获，现藏于陕西西安碑林博物馆。

传统上的旧物之所以重要，是因为它们在漫长的历史中，在我们的文化中一次次被咏叹，一次次被关注，投射了一代代

昭陵六骏

人的情感，得到了一代代人的认同。梁启超对国宝被盗卖的事情十分痛心，作为社会名流，如果不是孩子来信提到，他甚至根本不知道我们国家的文物出现在美国的消息。他痛心于社会的冷漠，感慨国运的衰落："若在别国，新闻纸不知若何鼓噪，在我们国里，连我恁么一个人，若非接你信，还连影子都不晓得呢！可叹，可叹！"2010年，我国专家前往美国修复宾夕法尼亚大学考古与人类学博物馆所藏的两匹石马。梁启超如果泉下有知，这或许能是一个小小的安慰吧。

致梁思永书，1926年12月10日

思永：

　　得十一月七日信，喜欢之极。李济之现在山西（非陕西）乡下①，正采掘得兴高采烈，我已立刻写信给他，告诉以你的志愿及条件，大约十日内外可有回信。我想他们没有不愿意的，只要能派你实在职务，得有实习机会，盘费、食住费等等，都算不了什么大问题，家里景况，对于这点点钱还担任得起也。你所问统计一类的资料，我有一部分可以回答你，一部分尚须问人。我现在忙极，要过十天半月后再回你，怕你悬望，先草草回此数行。

　　我近来真忙，本礼拜天天有讲演（城里的学生因学校开不了课，组织学术讲演会，免不了常去讲演），又著述之兴不可遏，已经动手执笔了（半月来已破戒，亲自动笔）。还有司法储才馆和国立图书馆都正在开办，越发忙得要命。最可喜者，旧病并未再发，有时睡眠不足，小便偶然带一点黄或粉红，只须酣睡一次，就立刻恢复了。因为忙，有好多天没有给你们信（只怕十天八天内还不得空），你这信

————————

① 李济之：李济（1896—1979），字济之，湖北钟祥人。人类学家、考古学家，被称为"中国考古学之父"。山西乡下：指山西夏县西阴村遗址。

看完后立刻转给姊姊他们，免得姊姊又因为不得信挂心。

十二月十日　爹爹

……

【解析】

1926 年初，李济、袁复礼接受美国弗瑞尔美术馆的赞助，带领考古队在山西南部考察。3 月 22 日，他们抵达夏县，调查传说中夏朝的都城和君臣陵墓。3 月 24 日，他们停留在西阴村，袁复礼在村西北的高地灰土岭上发现了遗址。今天确定的西阴村遗址，南至村南嫘祖庙一带，北至灰土岭边缘，东至村东的南北向小路，总面积约三十万平方米。他们的发掘从 10 月持续到 12 月，只完成计划的三分之一，已经收获满满。

他们的考察路线沿着汾河流域，追溯着古史中尧舜禹的传说。上古的故事恍惚缥缈，司马迁的《史记》写到三皇五帝，都感慨传说复杂，难以判断。尧的活动，在古人的观念中常与汾水联系起来。今天山西临汾有尧庙与尧陵，祠庙建筑相传始建于唐代。禹的儿子启建立第一个"家天下"的王朝，都城传说在安邑。安邑这个地名，现实中的遗址最早可以追溯到战国时期魏国的都城，秦、汉王朝在这里设安邑县。南北朝时安邑分为南北两县，北部就是现在山西夏县，南部成为今运城市区的一部分。这些传说，对于西方学者可能没那么重要，但对中国学者意义重大。它们是虚无的传说，还是现实历史的反映，关系着我们民族的文化源头。历史记载中无法确定的问题，只

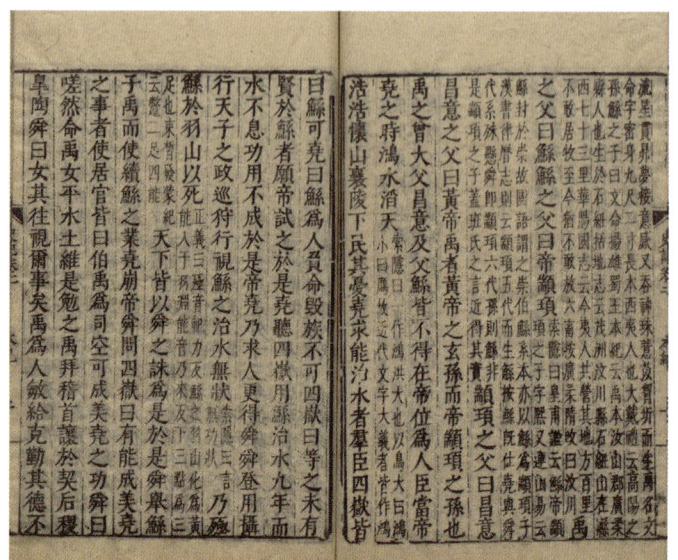

《史记》书影

有等待埋藏在地下的客观事实来证明。殷墟为什么那么重要？就是因为出土的甲骨文与《史记》记载的商王世系能够合得上。对这个问题，李济这样说："十余年前，旧一点的史学家笃信三皇五帝的传说，新一点的史学家只是怀疑这种传说而已；这两种态度都只取得一个对象，都是对那几本古史的载籍发生的。直等到考古学家的锄头把地底下的实物掘出来，史学界的风气才发生些转变。"

此时梁思永在美国哈佛大学学习考古学，他极度关注这次发掘。1927年夏，思永回国，但由于晋奉战争爆发，后续发掘悬而未行，他留在北京整理已发掘的成果。1928年返回美国后，思永分析了西阴村出土的一万多个新石器时代的陶片，完成了他的硕士毕业论文。

致梁思永书，1927年1月10日

思永读：

今天李济之回到清华，我给他商量你归国事宜，那封信也是昨天从山西打回头他才接着，怪不得许久没有回信。

他把那七十六箱成绩平平安安运到本校，陆续打开，陈列在我们新设的考古室了。今天晚上他和袁复礼（是他同伴，学地质学的）在研究院茶话会里头作长篇的报告演说[①]，虽以我们门外汉听了，也深感兴味。他们演说里头还带着讲"他们两个人都是半路出家的考古学者（济之是学人类学的），真正专门研究考古学的人还在美国——梁先生之公子"。我听了替你高兴又替你惶恐，你将来如何才能当得起"中国第一位考古专门学者"这个名誉，总要非常努力才好。

他们这回意外的成绩，真令我高兴。他们所发掘者是新石器时代的石层，地点是夏朝都城——安邑的附近一个村庄，发掘得的东西略分三大部分：（一）陶器，（二）石器，（三）骨器。此外，他们最得意的是得着半个蚕茧，证明在石器时代已经会制丝。其中陶器花纹问题最复杂，近几年

---

① 袁复礼（1893—1987）：字希渊，河北徐水人。地质学家、地质教育家。曾任清华大学、北京地质学院和武汉地质学院教授。多次参与考古发掘，获瑞典皇家科学院"北极星"奖章。

来（民国九年以后）瑞典人安迪生在甘肃、奉天发掘的这类花纹的陶器①，力倡中国文化西来之说，自经这回的发掘，他们想翻这个案。

最高兴的是，这回所得的东西完全归我们所有（中华民国的东西暂陈设在清华），美国人不能搬出去，将来即以清华为研究的机关，只要把研究结果报告美国那学术团体便是，这是济之的外交手段高强，也是因为美国代表人卑士波到中国三年无从进行（他初到时，我还请他吃过一顿饭）②，最后非在这种条件之下和我们合作不可，所以只得依我们了。这回我们也狠费点事（我曾有两封信给阎锡山，此外还有好几位的信），头一次去算是失败了，第二次居然得意外的成功（听说美国国务总理还有电报来贺卑士波成功哩）。

他们所看定采掘的地方，开方八百亩，已经采掘的只有三分——一亩十分之三——竟自得了七十六箱，倘若全部掘完，只怕故宫各殿的全部都不够陈列了。以考古学家眼光看，中国遍地皆黄金，可惜没有人会捡，真是不错。

关于你回国一年的事情，今天已经和济之仔细商量。他说可采掘的地方是多极了，但是时局不靖③，几乎寸步难行，不敢保今年秋间能否一定有机会出去。即如山西这个

---

① 安迪生：又译作安特生（Johan Gunnar Andersson，1874—1960），瑞典地质学家、考古学家。受聘于北洋政府，为农商部矿政顾问。曾调查周口店化石地点，在河南渑池发现了仰韶遗址，还在甘肃、青海调查发掘大批新石器时代至青铜时代的遗址。
② 卑士波：又译作毕晓普、毕安祺（Carl Whiting Bishop，1881—1942），美国人类学家、考古学家。接受美国弗瑞尔美术馆的资助，在中国进行考古学研究。
③ 不靖：不安宁，骚乱。

地方，本来可继续采掘，但几个月后变迁如何，谁也不敢说。还有一层，采掘如开矿一样（假使另觅一个新地方的话），也许失败，白费几个月工夫，毫无所得，你老远跑回来，或者会令你失望。但是有一样，现在所掘得七十六箱东西，整理研究便须莫大的工作（还有安迪生所掘得的有一部分放在地质调查所中，也要整理），你回来后，看时局如何，若可以出去，他便约你结伴，若不能出去，你便在清华帮他整理研究（跟着李、袁两人同做工作，一定狠有益）。两者任居其一也，断不至白费这一年光阴云云，你的意思如何？据我看是狠好的。回来后若不能出去，除在清华做这种工作外，我还可以介绍你去请教几位金石家，把中国考古学的常识弄丰富一点，再往美两年，往欧一两年，一定益处更多（城里头几个博物院你除看过武英殿外，故宫博物院、历史博物馆都是新近成立或发展的，回来实地研究，所益亦多）。

关于美国团体出川资或薪水这一点[1]，我和济之商量，不提为是。因为这回和他们订的条件是他们出钱我们出力，东西却是全归我们所有。所以这两次出去一切费用由他们担任，惟济之及袁复礼却是领学校薪俸，不是他们的雇佣，将来我们利用他这个机关的日子正长（这机关钱极多，济之说他的名字，我不懂英文，写不出来），犯不着贬低身分[2]，受他薪水，别人且然，何况你是我的孩子呢。只要你决定回来，这点来往盘费，家里还拿得出，我等你回信便

[1] 川资：旅费，路费。
[2] 身分：身份。

立刻汇去。

至于回来后，若出去便用他的费用，若在清华便在家里吃饭，更不成问题了。

我们散会已经十一点钟。这封信第二叶以下都是点洋蜡写的，我因为极高兴，写完了才睡觉，别的事都改日再说罢。

济之说要直接和你通信，已经把你的信封要去，想不日也到。

十六年一月十日　爹爹

……

【解析】

1926 年底，李济和袁复礼赶了五六十匹骡子和马，拖着七十六箱出土物，走了九天，风尘仆仆来到榆次火车站。1927年 1 月 2 日，考古队抵达北京。10 日，清华国学研究院举行隆重的欢迎会。李、袁在会上作内部报告，梅贻琦、梁启超、王国维、陈寅恪、赵元任等名师以及助教、学生们都到场观摩，茶话会一直开到夜里 11 点。兴奋不已的梁启超秉烛疾书，给思永写下这封长信，一方面因为学术上打开了新天地，另一方面也因为内心激荡着中国人第一次自主的考古发现所带来的民族自尊与自信。

20 世纪初，中国的考古发掘都是西方学者主持。当时西方考古学界甚至不觉得中国有石器时代那么久远的历史。瑞典学者安特生在河南发现仰韶遗址，证明中国存在发达的新石器文化。但安特生对比了中亚和俄罗斯出土的彩陶，以及他在甘肃齐家坪遗址发现的陶器，认为越靠西的陶器时代越早。受德国地理学家李希霍芬认为中国人自新疆迁入的观点的影响，他认为仰韶文化是从西方输入的。这一观点在当时也受到高本汉等西方学者的质疑，但它无疑影响到山河破碎中的中国学者，促使他们主动投身考古事业，去寻找中华文明绵延不绝的证据。

梁启超在信中说："瑞典人安迪生在甘肃、奉天发掘的这类花纹的陶器，力倡中国文化西来之说，自经这回的发掘，他们想翻这个案。"思永分析了西阴村出土的陶片，对比国内外出土的新石器时代彩陶，确定西阴村与仰韶遗址是同时代的遗存。而在最终的考古报告中，李济提出中亚出土的彩陶技术不及仰韶发达，不能断定中国彩陶发源于西方。至于甘肃齐家坪遗址的发现，要等到新中国成立之后考古学家夏鼐的研究，证明齐家文化的时间晚于仰韶文化，直接打破彩陶"输入"的证据链条。面对大量的新发现，安特生也改变了看法。

梁启超信中令所有学者好奇的"半个蚕茧"，是中国考古研究中较早的多学科合作。这是一颗被切掉一半的丝质茧壳，已经部分腐蚀，但仍有光泽，切割面极为平直。李济请清华学校生物学教授刘崇乐鉴定，发现它比西阴村现在养的桑蚕茧小一点儿，且经过人工切割。1928年，他又把蚕茧带到美国鉴定，认为它是家蚕的祖先。无论它是否代表着新石器时代的先民已经驯化了家蚕，或是已经掌握纺织技术，山西运城周围不断出土蚕文化的遗存——芮城西王村遗址发现的蛹形陶饰、夏县师村遗址出土的石雕蚕蛹、闻喜上郭遗址出土的石雕蚕蛹，距离今天都超过了五千年的历史。

上郭遗址出土石雕蚕蛹

2021 年，西阴村遗址入选全国"百年百大考古发现"。这里并没有出土价值连城的国宝，但在近百年之前，从梁启超、丁文江，到李济、袁复礼，再到梁思永，许多中国学者都隐约感知到了它的意义。正如李济在课堂上讲的："中国的地方，如果在考古学上讲，可谓遍地是黄金，不过没人去捡罢了。如果有人去捡，则中国的历史，现在虽说五千年，将来或许比十二万五千年还要长呢。"

致孩子们书，1927年2月16日

（这几张可由思成保存，但仍须各人传观，因为教训的话于你们都有益的。）

思成和思永同走一条路，将来互得联络观摩之益，真是再好没有了。思成来信问有用无用之别，这个问题狠容易解答，试问唐开元、天宝间李白、杜甫与姚崇、宋璟比较①，其贡献于国家者孰多？为中国文化史及全人类文化史起见，姚、宋之有无，算不得什么事，若没有了李、杜，试问历史减色多少呢？我也并不是要人人都做李、杜，不做姚、宋，要之，要各人自审其性之所近何如，人人发挥其个性之特长，以靖献于社会②，人才经济莫过于此。思成所当自策厉者③，惧不能为我国美术界作李、杜耳。如其能之，则开元、天宝间时局之小小安危，算什么呢？你还是保持这两三年来的态度，埋头埋脑做去便对了。

你觉得自己天才不能副你的理想，又觉得这几年专做

① 姚崇、宋璟：姚崇（650—721），本名元崇，字元之，后改名崇，陕州硖石（今河南三门峡市陕州区东南）人。宋璟（663—737），邢州南和（今属河北）人。姚崇、宋璟是唐朝开元年间的宰相，辅佐唐玄宗治理国家，政绩卓著。
② 靖献：贡献。
③ 策厉：策励，督促勉励。

呆板工夫，生怕会变成画匠。你有这种感觉，便是你的学问在这时期内将发生进步的特征，我听见倒喜欢极了。孟子说："能与人规矩，不能使人巧。"凡学校所教与所学总不外规矩方面的事，若巧则要离了学校方能发见。规矩不过求巧的一种工具，然而终不能不以此为教、以此为学者，正以能巧之人，习熟规矩后，乃愈益其巧耳（不能巧者，依着规矩可以无大过）。你的天才到底怎么样，我想你自己现在也未能测定，因为终日在师长指定的范围与条件内用功，还没有自由发摅自己性灵的余地①。况且凡一位大文学家、大美术家之成就，常常还要许多环境与及附带学问的帮助。中国先辈屡说"要读万卷书，行万里路"，你两三年来蛰居于一个学校的图案室之小天地中，许多潜伏的机能如何便会发育出来，即如此次你到波士顿一躺②，便发生许多刺激。区区波士顿算得什么，比起欧洲来真是"河伯"之与"海若"③，若和自然界的崇高伟丽之美相比，那更不及万分一了。然而令你触发者已经如此，将来你学成之后，常常找机会转变自己的环境，扩大自己的眼界和胸次，到那时候或者天才会爆发出来，今尚非其时也。今在学校中只有把应学的规矩，尽量学足，不惟如此，将来到欧洲回中国，所有未学的规矩也还须补学，这种工作乃为一生历程所必须经过的，而且有天才的人绝不会因此而阻抑他的天才，你千万别要对此而生厌倦，一厌倦即退步矣。至于

---

① 发摅（shū）：发挥，抒发。

② 一躺：一趟。

③ 河伯、海若：出自《庄子·秋水》。河伯是黄河之神，海若是海神。

将来能否大成，大成到怎么程度，当然还是以天才为之分限。我生平最服膺曾文正两句话："莫问收获，但问耕耘。"①将来成就如何，现在想他则甚？着急他则甚？一面不可骄盈自慢，一面又不可怯弱自馁②，尽自己能力做去，做到那里是那里，如此，则可以无入而不自得，而于社会亦总有多少贡献。我一生学问得力专在此一点，我盼望你们都能应用我这点精神。

　　……

二月十六日　爹爹

　　……

【解析】

这一封家书，讲到中国的文脉。政治和文化，这两者不仅是功用的不同，带来的社会效应也不同。政治较为直接，文化则会潜移默化影响社会生活方方面面。此时正值北伐战争，梁启超的孩子们身处海外，也持续关注着这一历史性事件。信中可以看出，思成之前问过父亲"有用"与"无用"的区别，或许这位建筑学的优等生也曾彷徨，怀疑他的专业是否太不实际，不能直接关联时局安危。梁启超给思成的回信，不仅作为父亲在说局势，也作为前辈学者在讲求学的门径。

---

① 服膺（yīng）：（道理、格言等）牢牢记在心里，衷心信服。曾文正：曾国藩（1811—1872），原名子城，字伯涵，号涤生，湖南湘乡白杨坪（今属湖南双峰）人。清末洋务派和湘军首领。谥号文正。
② 自馁（něi）：馁，失掉勇气。失去自信而畏缩。

　　我们今天在生活中也要面临这个问题——什么有用，什么无用。梁启超的回答是，我们来以史为鉴。比如，唐代的开元、天宝年间，是大唐盛世光辉灿烂的顶点。那时最耀眼的大诗人是李白、杜甫，而为盛世打下基础、做宰相管事的是姚崇、宋璟。前面两位，我们都听说过；后面两位，有没有听说过可就不一定了。那么李、杜和姚、宋放在一起比，谁对国家的贡献多呢？梁启超觉得，如果从今天的视角回头看，可能已经不在意姚崇、宋璟了，但如果没有李白、杜甫这样"不切实际"的人，我们悠久的文化一定会减少很多光彩。

　　其实，这不是梁启超第一次把李、杜与姚、宋放在一起比较。早年在康有为门下学习时，他就和师弟伍庄有过辩论。伍庄认为，开元、天宝这样的太平盛世，可能姚崇、宋璟这样的宰相显不出重要，但到了安史之乱社会动荡之时，郭子仪、李光弼这种力挽狂澜的政治人物就重要起来。所以政治还是文化的保障，不先搞政治，文化是要毁灭的。两种回答各有各的道理，但是对思成而言，他的个性特长在文化上，那么他自然应该在这方面尽力发挥，把自己锤炼成建筑学界的"李""杜"，才有自己的"用处"。

　　梁启超又劝慰思成，在眼下看不到成果的时候，去"读万卷书，行万里路"。秋天到了，河水上涨，河伯非常自满，他东游到海，和汪洋大海比起来，才知道自己眼界太小。海若却很清醒地对河伯说，大和小不是绝对的，四海之外还有天地在，天地是那么广阔，海又哪里算得上大呢。写到这里，梁启超引用了曾国藩的"莫问收获，但问耕耘"，又表示"我一生学问得力专在此一点"，这"一点"就是超越一时功利的追求与探索，只要坚持不懈，总能为社会做出贡献。

第三章

立志从学

导　读

　　这一部分书信，展现了梁启超作为大家长，如何引导、规划孩子们的学业。我们选择的书信有长有短，孩子们的年龄各不相同。纸短不妨情长，"教育"渗透在生活的方方面面——有学校教育，有家庭教育，有外力督促的考核，有"学问在我"的自修，有常识性的基础教育，有专精的高等教育，也有超越"知识"与"专业"的境界升华。梁启超是中国现代教育的开拓者，他对教育的很多认识，来自切身的体验；在教育方面对他人的指导，也身体力行，具有鲜明的个人特色。

　　对少年学童，梁启超相当在意"勤学"与"知礼"。这与他所受的传统教育是分不开的。他的要求多在于"用功"和"规矩"。在我们选择的家书中，他要求思成、思永最好能升级，但如果不能，也不必气愤，更需要问的是自己有没有真的用功。相比成绩，他更关注学习习惯的建立，如果成绩不好是因为懈怠和荒废，那就是自暴自弃，他不希望看到孩子品性不佳。孩子们稍大一些，到青年阶段，梁启超也强调打好学习基础。思庄在加拿大接受"稍日一点的严正教育"，未能马上进入大学，梁启超也并不急躁，觉得最重要的是"万不可以此自馁"，如果基础、方法、态度都正确，最终总会有收获。

　　实际上，梁启超本人少年时的成绩，是非常出类拔萃的，12 岁中秀才，17 岁中举人。但青年时的梁启超在《变法通议》中，对清末传统教育下儿童的童年生活抱有很多批判，觉得这种教育以科举为目的，只看重功名利禄。少年强则国强，他更希望看到的，是孩子们成长为国家真正的建设者——"他日救天下者，其在今日十五岁以下之童子乎"。梁启超做过高官，也做过教授，但到了教导孩子的时候，他并没有对孩子们自夸，也没有要求光鲜漂亮的成绩。他关注的是"习劳苦""学俭朴"和"益图向上"。学习可以塑造人格。梁启超对孩子们的影响，无论哪个方面，最终都落实在人格之上。他经历了很多沧桑巨变，明白计算总成绩不在一时一事。他从严格的传统教育中提炼出的，最值得重视的地方，是朴素的品行修养。

　　具体怎样学习知识，梁启超也给孩子们指点了方向。首先，求知要有自主意识，这就是他不断对思庄强调的"学问求其在我"。他的一生不断求新知，身处新旧世界之间，从科举制度下的传统儒家教育，到"开眼看世界"、交往欧美学术名家，从"乡人"到"世界人"，这不是靠学校或家长的推动能做到的，而是依靠求知报国意志的强烈驱动。能做到自主学习，求知欲望和学习动力必不可少。梁启超担心思成学习太过枯燥，因为"太单调的生活，容易厌倦"，这会伤害到学习的动力。怎样做可以丰富学习生活、避免枯燥呢？他劝思成多接受通识教育，也希望思庄选一两样自己喜欢的学问。有着健康的兴趣，可以用心钻研下去，就能够寓学于乐，带动自己学习进步。对于学习的进展，梁启超会有意识地记下每天的功课，督促自己持之以恒。在护国战争中，他潜伏在上海，也要每天"以读书习字自乐"；在南京讲学时，他把自己的日程表安排得满满的，无论讲课、学习、写作，都记下进度。对年幼的思成、思永，他也安排思顺定期考核，要听考核成绩"以为忧喜"。但他的考核并不一味强调进度，他对思顺说，在学习上，理解比强记更重要。到了思成读大学时，他又建议思成劳逸结合，做好"猛火熬"和"慢火炖"两种工作。也告诫思庄，在知识上赶进度，"像装罐头样子，塞得太多太急，不见得便会受益"。梁启超总结自己求知的心态，称为"优游涵饮，使自得之"，他也把这八个字送给思成和思庄。

梁启超提倡"趣味教育"。"优游""趣味""自乐"这样的词汇，贯穿着他求知的一生。他告诉思成，自己"学问趣味方面极多"，因此生活充满了活泼的生命力，"能够永久保持不厌不倦的精神"。他批判强行灌输的"填鸭式"教育、太过繁重的"疲劳式"教育以及过分功利的"敲门砖式"教育。但求学是终身的努力，尤其需要在少年时打下坚实的基础，不进行长期艰苦、专注的训练是不可能的。大千世界的诱惑那么多，哪样娱乐不比学习有趣呢？因此，在名篇《学问之趣味》中，梁启超把学问和诱惑各自的趣味做了比较分析：

赌钱趣味吗？输了怎么样？吃酒趣味吗？病了怎

么样？做官趣味吗？没有官做的时候怎么样？……诸
如此类，虽然在短时间内像有趣味，结果会闹到俗语
说的"没趣一齐来"，所以我们不能承认他是趣味。
凡趣味的性质，总要以趣味始，以趣味终。所以能为
趣味之主体者，莫如下列的几项：一、劳作，二、游
戏，三、艺术，四、学问……我并不是因为学问是道
德，才提倡学问，因为学问的本质能够以趣味始，以
趣味终，最合于我的趣味主义条件，所以提倡学问。

梁启超《学问之趣
味》手稿

　　我们今天的心理学把人类的需求分为低级需求和高级需求。低级需求得到满足的时候，人类就要向高处走，完成自我实现，也就需要求知。人沉溺在低级的满足中，很容易空虚，不知不觉陷入情绪的泥潭；如果境遇有所变化，满足不能继续，又会闹到梁启超说的"没趣一齐来"。和万千诱惑比起来，学习扎根内心，最终的收获会更多。如果我们有一些时刻，沉浸于专注学习带来的"心流"中，会发现那是一种难得的发自内心的安宁。

　　说到底，**"教育"在现代生活中，不仅关乎我们怎样培养我们的孩子，也关乎我们希望自己成为什么样的人**。梁启超在《教育与政治》中，提出教育应当使人"学做现代人"。他接受了当时心理学的新成果，认为人类心理分为知、情、意三方面，教育也应该分别对这三方面有所注重，这合于孔子提出的"知者不惑，仁者不忧，勇者不惧"。或许对我们每个人来说，走出迷惑、焦虑与恐惧的状态，才是我们求知的根本。当我们内心状态和谐、人格健全时，教育的目的也就能够达到了。

致梁思顺书，1913年1月17日

汝病何如？已全愈耶？小小年纪何故患不寐之病[1]，得毋用脑太过耶？日本教育识者诋为诘込主义[2]，最足亏体气而昏神志，谅诸师所以诲汝者或不至如是[3]。然以区区数月间，受他人两三年之学科，为道实至险，故吾每以为忧也。以后受学只求理解，无须强记，非徒摄生之道[4]，即求学亦应尔尔也[5]。

……

日来因喜食腊味饭之故，胃病似又复发，然终未能戒食也。每夜就榻仍极迟，大率三四点为常。连日观剧，聊以解忧[6]，自今日起亦停止矣。

闻乡居欲迁香港。重堂已有书告汝否？

十七日 饮冰

---

① 不寐（mèi）：失眠。
② 诘込主义：诘込，出自日语词汇（詰め込む），意为填充。"诘込主义"即"填鸭式"教育，一度风行于日本。
③ 诲汝者：教育你的内容方式。
④ 摄生：养生，保养身体。
⑤ 尔尔：如此。
⑥ 聊以：姑且用来。

【解析】

1912年梁启超回国参与政治，家眷留在日本。北京和天津的家中需要有人主持家务与应酬往来，这个任务落在陪同他的二弟梁启勋头上。启勋普通话不好，也不熟悉风土人情，生活十分不便。梁启超很想让从小在京长大的李蕙仙回国，但为了让思顺接受完整的教育，他决定让家人在日本多停留一段时间。当然为了全家能尽早回国支持父亲的事业，思顺也在家庭教师的辅导下，废寝忘食地学习功课。她原定的计划，是在不到一年的时间中，修完日本一般大学本科的教学内容，负担是很重的。

思顺病了，梁启超非常关心，忙去信询问女儿，身体是否已经恢复，为什么小小年纪竟会失眠，是不是用脑太过。他批评了当时流行于日本的"诘込主义"，即"填鸭式"教育，短时间内将大量知识灌输给学生，而不给予学生思考的空间。日本作为快速上升期的工业化国家和等级鲜明的威权社会，无视孩子的自然成长，以工业化"养殖"的方式统一高强度培训，难免会产生"填鸭式"的教育方法。梁启超认为，学知识固然重要，但理解知识内容，比死记硬背更有用。这不仅是照顾自己的身体，而且也符合学习的规律。后来，梁启超又去信同思顺的日本老师商量，减少教学内容，为思顺留出复习和理解的时间。他还专门告诉思顺，周日一定要用来休息，而且要去游戏、运动。

信的后半部分梁启超毫无架子，检讨了自己不良的生活习惯。这些问题我们今天的年轻人也经常有，比如吃起美食没有节制，比如熬夜、刷剧，梁启超表示，他要和思顺一起改掉对健康不好的坏习惯。思顺看到这里，大概也会轻松入眠吧。

致梁思顺书，1916年1月21日

荷丈来[①]，知而母复原，家中安适，至慰，至慰。吾在此甚安，每日治事之暇，以读书习字自乐，临汉隶将百纸矣[②]。旬日内将一东渡[③]，在彼小作句留[④]，返沪后再定行止。宜戒成、永，勿令履西直门，非得吾命，不弛此禁也[⑤]。

汝尚能治学否？昨电召希哲，想已行矣。

廿一日

【解析】

1916 年的梁启超很忙。此时他离开天津的家，潜伏在上海，联络倒袁义军，参与倒袁运动。这时候忙碌又危险，他去信关心李蕙仙的病，也关心孩子们的教育，还不忘给孩子们做出学习上的表率。

紧张的生活中，梁启超把每天读书习字当作一种放松的乐趣。1 月 2 日，他要思顺寄给他一些书，点名要了《哲学大辞书》

① 荷丈：即前文汤觉顿，号荷庵。
② 汉隶：汉代的隶书。现存汉隶大部分来自出土和传世的碑刻，需要依照摹本临写。
③ 旬日：十天。东渡：前往日本。
④ 句留：勾留，停留。
⑤ 弛：放松。

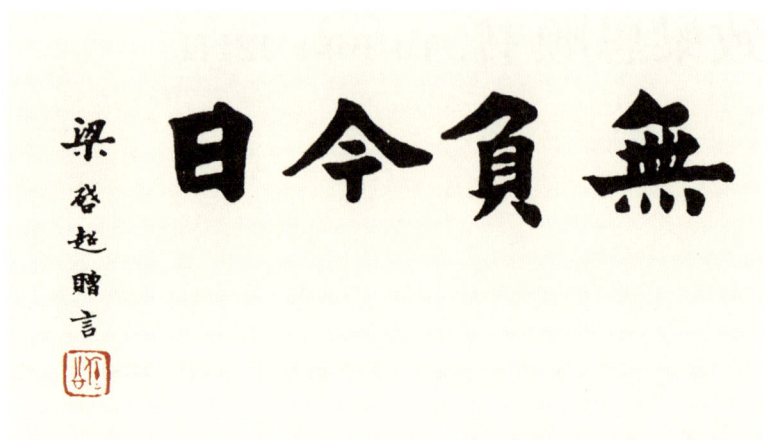

梁启超题词"无负
今日"

《文艺全书》，以及思顺的日本老师津村写的《经济学》，都是
些大部头的书，百忙之中深入阅读。他还练习书法，这段时间
临的汉隶，已经近一百张了。梁启超的书法得到的评价很高——
端肃庄严又高雅秀美，书作内容与形式常有巧妙的契合，体现
出深厚的学养及书功。

　　信里提到的西直门，在北京内城西垣，今天也是一个交通
枢纽。思成和思永当时都在北京西郊的清华学校读书，西直门
是进城的必经之地。"勿令履西直门"，就是不让孩子们踏进北
京城内，因为此时护国战争已经进入白热化了。思顺的丈夫希
哲，也准备好了随时出发去为护国战争奔走。在这个时候，梁
启超却问思顺是否还能治学。此后的信件中，无论战争形势如
何严峻，梁启超都在信中反复告诫孩子们"汝辈学业，切宜勿
荒"，或问思顺"汝及诸弟学课如何？常以为念也"。古人常说，
"数百年旧家无非积德，第一件好事还是读书"，可见读书对于
一个大家庭的重要性。

致梁思成、梁思永书，

1916年6月22日

思成、思永同读：

　　来禀已悉。新遭祖父之丧，来禀无哀痛语，殊非知礼。以年幼姑勿责也。汝等能升级固善，不能亦不必愤懑①，但问果能用功与否。若既竭吾才，则于心无愧；若缘怠荒所致②，则是自暴自弃，非吾家佳子弟矣。闻汝姊言，汝等颇知习劳苦，学俭朴，吾心甚慰，宜益图向上。吾再听汝姊考语③，以为忧喜也。

饮冰　六月廿二日

【解析】

　　1916年的护国战争，让梁启超经历了太多的生与死。4月，梁启超在家书中时时向孩子提起的好友——"荷丈"汤觉顿在变乱中去世。到了5月，战争形势一片大好，梁启超回到上海，却得到了父亲去世的讣告。实际上，在他3月14日隐匿在日本运煤船上，准备偷渡越南海关前往广西时，父亲已经去世。

---

① 愤懑（mèn）：气愤，抑郁不平。
② 怠荒：懒惰放荡。
③ 考语：对人的品德行为的评语。

首陽之下民到于今稱之　其斯之謂與○　子對曰未也嘗獨立鯉趨而過庭曰　陳亢問於伯魚曰　子亦有異聞乎

學詩乎對曰未也不學詩無以言鯉　退而學詩　立鯉趨而過庭曰學禮乎對曰未也　不學禮無以立鯉退而學禮　聞斯二者　陳亢退而喜曰問一得三聞詩　聞禮又聞君子之遠其子也

《论语集注》书影

孔子问："学《诗经》了吗？"孔鲤回答："没有。"孔子说："不
学《诗经》，无法表达。"孔鲤于是回去学《诗经》。又有一
次在庭院中，孔子问："学礼了吗？"孔鲤回答："没有。"孔
子说："不学礼，就不懂得怎样立身。"孔鲤于是回去学礼。
梁启超与先贤选择了同样的做法，用简单质朴的方式启发自
己的孩子。

致梁思顺书，1919年1月13日

舟行之乐，为生平所未见，波平如镜，绝似泛瓜皮于西湖也①。君劢最畏海行②，一登舟即解衣高卧，置备呕器于枕畔，数日后乃以大航海家自命矣。

所乘横滨丸乃丙辰二月吾在上海乘往香港者③，汽炉旁之暗室，即吾草檄之地④。而同行之人，觉顿、孟曦皆为异物⑤，循揽前尘，感慨系之。舟中执事皆已易人，惟一给役在耳⑥，颇似白头宫女谈天宝也⑦。

每日起皆极早，观日出已二度。初登舟即开始习法文，顷已记诵二百字，循此不倦，归时或竟能读法文书矣。每日功课，晨起专习法文，约一时许。次即泛览东籍⑧，约两三日尽一册。午后假寐半时许，即与百里下棋⑨，日两三局。傍晚为打球戏，晚饭后读文学书，中间仍时时温诵法文。

---

① 瓜皮：瓜皮船，一种简陋小船。

② 君劢（mài）：张君劢（1887—1969），原名嘉森，号立斋，江苏宝山（今属上海）人，哲学家。

③ 丙辰：1916 年。

④ 草檄（xí）：草拟檄文。

⑤ 异物：指死亡的人。

⑥ 给役：供应使役，指服务员。

⑦ 白头宫女谈天宝：出自唐代诗人元稹《行宫》：“白头宫女在，闲坐说玄宗。”

⑧ 东籍：日语书籍。

⑨ 百里：蒋方震（1882—1938），字百里，浙江海宁人，军事理论家、军事教育家。

同舟有暹罗特使①，询暹事颇悉。又有波兰人，阳历元旦食堂悬各国旗，波兰无有，其人乃自制一面。抵星加坡时有领事作向导②，尚能遍历诸地，抵槟屿时无向导者（时间亦太短）③，听命于车夫，仅在汽车中过数小时耳。初欲往山顶旅馆，旋以时间不足而止，极扫兴也。明日抵哥仑波④，泊舟二日，其地为佛说《楞伽经》处，当恣意揽胜耳。

此行若能携汝同游，岂非至乐。舟掠缅甸纬度而过，回望怅然。

娴儿读。

冰　正月十三日

【解析】

1918 年 12 月，梁启超以巴黎和会中国代表团会外顾问的半官方身份赴欧洲考察，随行的有徐新六、张君劢、蒋百里、丁文江等。没想到这一次乘坐的航船"横滨丸"，正是 1916 年护国战争中，他由上海前往香港所乘的那一艘。他草拟的反对袁世凯的檄文，就是在汽炉旁的暗室里完成的。回顾前尘，他失去了共同倒袁的好友汤觉顿、黄孟曦，失去了亲爱的父亲，连他最为得意的弟子——讨袁主力蔡锷，也在 1916 年底病逝。1918 年重新登上这条船，船上的服务员都换掉了，只有一个侍者还在。梁启超和侍者聊起两三年前的故事，就好像唐代诗

---

① 暹罗：中国对泰国的旧称。
② 星加坡：新加坡。
③ 槟屿：槟榔屿，马来西亚重要岛屿。
④ 哥仑波：今译为科伦坡，斯里兰卡首都。

人元稹诗里说的，"白头宫女在，闲坐说玄宗"。往事历历在目，生活却再不相同，不胜唏嘘。

这一次的旅行波平如镜，充满乐趣。当时飞机技术不成熟，跨国旅行多选择航船，单程也要一两个月。航海生活往往十分枯燥，每天都是一样的风景，没有新东西。梁启超却过得十分充实，每天早起学一小时法文，接下来泛读日文书籍，午睡后和蒋百里下棋，傍晚打球，晚上读文学书，睡前温习法语。有泛读，有精读，有复习，每天安排得动静相宜，预计回来的时候已经能阅读法文书籍了。

在梁启超的感召下，同行的人也刻苦学语言。蒋百里、张君劢曾去德国留学，这次学法文；徐新六擅长法语，这次学德文。他们互相教学，梁启超觉得很有意思。几位已有相当社会地位的中年人，在旅行欧洲甚至参加巴黎和会的途中，消遣方式竟然是学习语言，可见梁启超身边风气之正。人到中年仍然保持学习的习惯，这也是梁启超能够成功的原因之一。

过元旦的时候船上悬挂各国国旗，没有波兰的，于是波兰乘客自制了一面。亡国一百二十多年的波兰在一战后复国，梁启超目睹并记录下这一幕，或许也是有着无限的感慨。

致梁思顺书，1922年11月26、28日

我的宝贝思顺：

　　我接到你这封信，异常高兴，因为我也许久不看见你的信了，我不是不想你，却是没有工夫想。四五日前吃醉酒（你勿惊，我到南京后已经没有吃酒了，这次因陈伯严老伯请吃饭，拿出五十年陈酒来吃，我们又是二十五年不见的老朋友，所以高兴大吃）①。忽然想起来了，据廷灿说②，我那晚拿一张纸写满了"我想我的思顺""思顺回来看我"等话，不知道他曾否寄给汝看。

以上廿六日写

　　你猜我一个月以来做的什么事，我且把我的功课表写给汝看。

　　每日下午二时至三时在东南大学讲"中国政治思想史"，除来复日停课外③，日日如是。

　　每来复五晚为校中各种学术团体讲演，每次二小时以上。

---

① 陈伯严：陈三立（1853—1937），字伯严，号散原，江西义宁（今江西修水）人。湖南巡抚陈宝箴之子，陈寅恪之父。与谭嗣同、徐仁铸、陶菊存并称"维新四公子"。以诗文闻名。
② 廷灿：梁廷灿，梁启超族侄。长期跟随梁启超，管理家事及图书，编纂《饮冰室文集》。
③ 来复日：周日。

每来复四晚在法政专门讲演，每次二小时。

每来复二上午为第一中学讲演，每次二小时。

每来复六上午为女子师范讲演，每次二小时。

每来复一、三、五从早上七点半起至九点半（最苦是这一件，因为六点钟就要起来），我自己到支那内学院上课，听欧阳竟无先生讲佛学①。

此外各学校或团体之欢迎会等，每来复总有一次以上。

讲演之多既如此，而且讲义都是临时自编，自到南京以来（一个月）所撰约十万字。

张君劢跟着我在此，日日和我闹说"铁石人也不能如此做"，总想干涉我，但我没有一件能丢得下。

前几天因吃醉酒（那天是来复二晚），明晨坐东洋车往听佛学，更感些风寒，归来大吐，睡了半日。君劢硬说我有病，到来复四日我在讲堂下来，君劢请一位外国医生等着诊验我的身体。奇怪，他说我有心脏病，要我把讲演著述一概停止（说我心脏右边大了，又说常人的脉只有什么七十三至，我的脉到了九十至）。我想我身子甚好，一些不觉得什么，我疑心总是君劢造谣言。那天晚上是法政学校讲期，我又去了，君劢在外面吃饭回来，听见大惊，一直跑到该校，从讲堂上硬把我拉下来，自己和学生讲演，说是为国家干涉我。再明日星期五，我照例上东南大学的讲堂，到讲堂门口时，已见有大张通告，说梁先生有病放假，学生都散了，原来又是君劢捣的鬼。他已经立刻写信各校，

① 欧阳竟无：欧阳渐（1871—1943），字竟无，江西宜黄人。宗教学者。支那内学院是其创办的佛学院，"支那"是古印度对中国的称呼，"内学"是佛学自称。

将我所有讲演都停一星期再说。

以上廿八日写

医生说不准我读书、著书、构思、讲演，不准我吃酒，（可以）吃茶、吃烟。我的宝贝，你想这种生活我如何能过得。

廿八晚写

【解析】

卸下了政治家身份的梁启超依然以最大的兴味投身工作、生活。1922 年 3 月，李蕙仙去菲律宾探望思顺。梁启超从 4 月开始到处讲学演讲，7 月到济南给中华教育改进社演讲，8 月初到南京，中旬到上海，月底去武昌，又去长沙演讲，经河南返回天津，10 月还编定《梁任公近著第一辑》，中间又去了东南大学讲课。

操劳中的梁启超患上了心脏病，但他并没有停止讲课、读书和学习。他写了满纸的字思念思顺。梁启超与思顺共同相处的日子并不多。早年梁启超回国，思顺留在日本学习；护国战争结束后，思顺又随丈夫希哲派驻海外，父女二人更多时间是通过书信来交流的。不过除了思念，这封信里，梁启超更愿意同女儿分享的，是他在南京期间的讲学、讲演日程以及计划。这个日程表排得满满当当，一个月来，讲义就写了十万字，梁启超过人的精力和热情实在令人惊叹。

紧凑的日程安排吓到了梁启超身边的人。在南京接待他的张君劢焦急地阻止他继续工作，甚至说要开一个"梁先生保命会"，也学梁启超那样各校演说，不怕学生不全体签名送梁启超离开南京。为了不让思顺担忧，梁启超只好接连去信解释："你千万别要着急了，我原是好好的一点病没有。"直到1923年1月放寒假，完成了预计的讲学计划，他才返回天津。

　　梁启超去世后，梁思成回忆起父亲，引用了父亲生前经常说的一句话："战士死于沙场，学者死于讲坛。"梁启超的人生观是不论环境如何，都"以不忧不惧为宗旨"，直到临终之前数日，还在计划着病好之后写些什么。言传身教是最好的教育，这样的一位父亲，在求知的道路上给予了孩子们极大的精神上的支持！

致梁思顺、梁思庄书，

1925年4月17日

宝贝思顺、小宝贝庄庄：

你们走后，我很寂寞。当晚带着忠忠听一次歌剧，第二日整整睡了十三个钟头，起来还是无聊无赖，几次往床上睡，被阿时、忠忠拉起来①，打了几圈牌，不到十点又睡了，又睡十个多钟头。

思顺离开我多次了，所以倒不觉怎样。庄庄这几个月来天天挨着我，一旦远行，我心里着实有点难过。但为你成就学业起见，不能不忍耐这几年。

庄庄跟着你姊姊，我是十二分放心了，但我十五日早晨吩咐你那几段话，你要常常记在心里，等到再见我时，把实行这话的成绩交还我②，我便欢喜无量了。

我昨天闷了一天，今日已经精神焕发，和你七叔讲了一会书，便着手著述，已成二千多字。现在十一点钟，要睡觉了，趁砚台上余墨写这两纸寄你们。

你们在日本看过什么地方？寻着你们旧游痕迹没有？

---

① 阿时：李端时，李蕙仙的堂妹。
② 实行：实际施行。

在船上有什么好玩（小斐儿曾唱歌否）①？我盼望你们用日记体写出，详细寄我（能出一份《特国周报》临时增刊尤妙）。

我打算礼拜一入京，那时候你们还在上海呢。在京至多十日便回家，决意在北戴河过夏，可惜庄庄不能跟着，不然当得许多益处。

祝你们一路安适，两个礼拜后我就盼你们电报，四个礼拜后就会得你们温哥华来信，内中也许夹着有思成、思永信了。

十七晚　爹爹

【解析】

1924 年 4 月初，思顺从菲律宾返回中国。1925 年 4 月中旬，周希哲乘船经日本前往加拿大做外交官，思顺一同前往，思庄随行去加拿大求学。思顺离开父亲很多次了，思庄还是头一回，两个孩子还没离开中国，梁启超已经感觉十分思念。近代的海运，在大洋上漂泊一两个月是常事。当时的离别比今天更加让人牵肠挂肚。5 月 9 日，梁启超推算思庄和思顺应该已经到加拿大了，正值满月，他想象着和女儿们看着同一轮明月，给她们写信说："谅来在船上不知唱了多少次'江上何人初见月，江月何年初照人'了，我晚上在院子里徘徊，对着月想你们，也在这里唱起来，你们听见没有？"

梁启超虽然满心寂寞，提不起做事的兴趣，但仍然在信中

---

① 小斐儿：周有斐，梁思顺次子。

告诉思庄，为了她的成绩，不得不忍耐这几年对思庄的思念。古人常说"父母之爱子，则为之计深远"。家中的朝夕照顾，是对孩子本能的爱；送思庄远行求学，则是为她长远利益做考量。有思顺在外照顾，父亲也是十二分放心。临行前梁启超怎样叮嘱思庄，我们不知道，但他要思庄再回来时，交回一张成绩单，想必是希望思庄做出一番成绩，回来报效祖国。后面的信中，梁启超循循善诱地对思庄说，让她做一个开拓新领域的"先登者"，做爹爹的大帮手，可见对她怀着很多的期待。写这封信时，梁启超的新作已完成二千多字，这对思庄来说，又是一个良好的表率。

致梁思顺等书，1925年约5月

　　我自从给你们两亲家强逼戒酒和强逼运动后，身体更强健，饭量大加增。有一天在外边吃饭，偶然吃了两杯酒，回家来，思达说："打电报告姊姊去。"王姑娘也和小思礼说："打电报给亲家。"小思礼便说："打！打！"闹得满屋子都笑了，我也把酒吓醒了。

　　我现在每日著书多则三四千字，少则一千几百，写汉隶每天两三条屏①，功课有定，不闲不忙，早睡早起，甚是安适。

【解析】

　　梁启超身体出问题后，思顺和王夫人都强烈要求他戒酒、多运动，全家人一起来监督。梁启超在这里调皮又无奈地向孩子们报告他的改造成果，身体确实好了起来，既没有劳累，又没有荒废，生活十分规律，早睡早起，非常安适。工作是重要的，保持健康的身体、实现"可持续性"工作更是重要的。

　　梁家父母子女间的关系亲昵又放松，父亲可以要求、指导

---

① 条屏：直挂的长条的字画，双数排列如屏风者。

子女，子女也可以约束父亲。梁启超偶尔吃两杯酒，还被思达吓唬要告诉思顺，更好笑的是刚能说话的思礼也学会了说打电报。当时没有越洋电话，写信也要跟着邮轮走上一两个月，最快的通信方式，就是打电报了。

古人常有"日课"的做法，要求自己每日完成一定的学习进度，把这个成绩记录下来，考核自己做到了什么。所以梁启超在信中说"功课有定"，即使他已经不是学生了，也要定期考核自己的"功课"。这是种持之以恒的积累，不一定要达到什么样的成果，但每天一定要工作，不能让自己的功课荒废。每天有一件小小的事情在这里督促自己，这是种调理身心的方式，也对学习和工作的积累有好处。我们都可以照他的样子学来试试。

致梁思顺书，1925年9月24日

　　极盼汝姊妹兄弟团聚的来信，今得八月二十日信，知思庄已返，成、永正游大瀑①，想下次信当令我满足矣。思庄英文不及格，绝不要紧，万不可以此自馁。学问求其在我而已。汝等都会自己用功，我所深信。将来计算总成绩不在区区一时一事也。

　　我依然极忙，触想便写成几句寄去。二叔在山上，来信附寄，亦令汝等知工作之一斑也。现距葬期仅八日矣。

廿四日　　爹爹

【解析】

　　信中梁启超说"二叔在山上"，指的是梁启超的二弟梁启勋为去世的李蕙仙营造墓葬。因为梁启超百年之后也准备安眠在这里，所以启勋十分用心地修筑了一年多。为此梁启超多次要求孩子们各自向二叔去信表示感谢，因为二叔承担了本应他们尽到的责任。各自去信，才说明感激之情发自每个人的本心。

　　思庄刚到加拿大，英文不及格，这在满门"学霸"的梁家

----

① 大瀑：尼亚加拉瀑布，位于加拿大和美国的交界处。

子女中无疑显得有点"不成功"。也许一些家长会责怪子女：为什么其他的兄弟姐妹读书这样好，而你偏偏不及格，那就是你自己的缘故了。然而梁启超并没有责怪思庄，而是安慰她说"绝不要紧"，并不是因为学习成绩不重要，而是有更重要的东西在。更重要的东西就是一个人对自己的期许，所以他要思庄不要因此气馁，他相信孩子们都会自己用功的。

梁启超说了一句话："学问求其在我而已。""求其在我"，出自《孟子·尽心上》："求则得之，舍则失之，是求有益于得也，求在我者也。求之有道，得之有命，是求无益于得也，求在外者也。"孔子也有"古之学者为己，今之学者为人"之语。人总有欲望，想得到一些东西。能否真的得到，有的时候取决于自己，有的时候取决于外界条件。取决于自己的东西，是努力能得到的。取决于外界的东西，努力不一定有用。什么取决于自己呢？是人本身具备的道德品质。什么取决于外界呢？是功名利禄这些外在的衡量标准。学习是为了充实、提高自己，如果一个人总是追求外界衡量的东西，那么他永远在追逐别人的标准，这样容易失衡，并且会失去真正的内驱力。梁启超认同孔子、孟子的观点，所以他希望孩子做到的，是依照自身的天分和兴趣选择方向，并在此方向上努力。有这样的心态，迟早会出成绩的。

前面的信中，梁启超对思庄说过，一时申请不到大学不重要，文凭不是目的，学问才是目的。而这封信里，梁启超又进一步讲了"求其在我"，要把标准内化而非外化。他对其他年为了他肩上的责任，家人朋友隐瞒了消息。得知噩耗的梁启超立即辞去一切职务，过了二十多天，袁世凯气愤病亡，这出政治大戏落下帷幕。

这一年梁启超始终沉浸在悲痛的情绪中，7 月给思顺的信中，还提到"心绪殊不宁帖"，"因悲悯于时局，益怆念于死生"。思成、思永早已知道祖父去世，到 6 月给梁启超去信时显得懵懂不觉，并无哀痛，在梁启超悲伤的眼里看来，好像与家人身处两个世界。因此梁启超指出目前还在丧期中，这样"殊非知礼"。这年思成 15 岁，思永 12 岁，梁启超看在孩子年幼的份上，姑且未责怪他们。

除了讲礼节，梁启超也给孩子们讲用功。这是朴素的考量标准，知道努力就可以。梁启超在《治国学杂话》里给年轻人讲读书方法，用他自己的话说，是"极陈旧的，极笨极麻烦的，然而实在是极必要的"，他指的是对书做摘抄，积累资料，既能归纳重点，又强化记忆。他又说："诸君勿因初读中国书，勤劳大而结果少，便生退悔。因为我们读书，并不是想专向现时所读这一本书里讨现钱现货的，得多少报酬，最要紧的是涵养成好读书的习惯和磨练出善读书的脑力。青年期所读各书，不外借来做达这两个目的的梯子……从甘苦阅历中磨练出智慧，得苦尽甘来的趣味，那智慧和趣味却最真切。这是好处。"

"知礼""用功""向上""习劳苦""学俭朴"，都是一些简单的、却对立身有基础作用的道德激励。这有点像孔子的"庭训"。有一次孔子独自站在院子中，其子孔鲤快步走过，轻人也是这样说的，在《治国学杂话》里，他提出："若只求讲堂上功课及格，便算完事，那么，你进学校，只是求文凭，并不是求学问，你的人格，先已不可问了。再者，此类人一定没有'自发'的能力，不特不能成为一个学者，亦断不能成为社会上治事领袖人才。"读书不是为了立刻换来什么，只有将读书本身视为乐趣，才能得到更好的、更长久的发展。若能发掘出孩子的内驱力，无论读书或是其他，都可收获事半功倍的效果。

致孩子们书，1927年8月29日

孩子们：

　　······

　　思成再留美一年，转学欧洲一年，然后归来最好。关于思成学业，我有点意见。思成所学太专门了，我愿意你趁毕业后一两年，分出点光阴多学些常识，尤其是文学或人文科学中之某部门，稍为多用点工夫。我怕你因所学太专门之故，把生活也弄成近于单调，太单调的生活，容易厌倦，厌倦即为苦恼，乃至堕落之根源。再者，一个人想要交友取益，或读书取益，也要方面稍多，才有接谈交换，或开卷引进的机会。不独朋友而已，即如在家庭里头，像你有我这样一位爹爹，也属人生难逢的幸福。若你的学问兴味太过单调，将来也会和我相对词竭，不能领着我的教训，你全生活中本来应享的乐趣，也削减不少了。我是学问趣味方面极多的人，我之所以不能专积有成者在此，然而我的生活内容异常丰富，能够永久保持不厌不倦的精神，亦未始不在此。我每历若干时候，趣味转过新方面，便觉得像换个新生命，如朝旭升天①，如新荷出水，我自觉这种

————————

① 朝旭：早上的太阳。

生活是极可爱的，极有价值的。我虽不愿你们学我那泛滥无归的短处，但最少也想你们参采我那烂漫向荣的长处（这封信你们留着，也算我自作的小小像赞）。我这两年来对于我的思成，不知何故常常像有异兆的感觉，怕他渐渐会走入孤峭冷僻一路去。我希望你回来见我时，还我一个三四年前活泼有春气的孩子①，我就心满意足了。这种境界，固然关系人格修养之全部，但学业上之薰染陶熔②，影响亦非小。因为我们做学问的人，学业便占却全生活之主要部分。学业内容之充实扩大，与生命内容之充实扩大成正比例。所以我想医你的病，或预防你的病，不能不注意及此。这些话许久要和你讲，因为你没有毕业以前，要注重你的专门，不愿你分心，现在机会到了，不能不慎重和你说。你看了这信，意见如何（徽音意思如何）？无论校课如何忙迫，是必要回我一封稍长的信，令我安心。

　　你常常头痛，也是令我不能放心的一件事。你生来体气不如弟妹们强壮，自己便当自己格外撙节补救③，若用力过猛，把将来一身健康的幸福削减去，这是何等不上算的事呀。前在费校功课太重④，也是无法，今年转校之后，务须稍变态度。我国古来先哲教人做学问方法，最重优游涵饮⑤，使自得之。这句话以我几十年之经谂结果⑥，越看越觉

---

① 春气：春天生机勃勃的气象。
② 陶熔：陶铸熔炼，比喻培育造就。
③ 撙（zǔn）节：约束、抑制。
④ 费校：指位于美国费城的宾夕法尼亚大学。
⑤ 优游涵饮：即优游涵泳，从容求索，深入体会。
⑥ 经谂（shěn）：经验。

得这话亲切有味。凡做学问总要"猛火熬"和"慢火炖"两种工作循环交互着用去。在慢火炖的时候才能令所熬的起消化作用，融洽而实有诸己①。思成，你已经熬过三年了，这一年正该用炖的工夫。不独于你身子有益，即为你的学业计，亦非如此不能得益。你务要听爹爹苦口良言。

庄庄在极难升级的大学中居然升级了，从年龄上你们姊妹弟兄们比较，你算是最早一个大学二年级生，你想爹爹听着多么欢喜。你今年还是普通科大学生，明年便要选定专门了，你现在打算选择没有？我想你们弟兄姊妹，到今还没有一个学自然科学，狠是我们家里的憾事，不知道你性情到底近这方面不？我狠想你以生物学为主科，因为它是现代最进步的自然科学，而且为哲学、社会学之主要基础……截到今日止，中国女子还没有人学这门（男子也狠少），你来做一个"先登者"不好吗？还有一样，因为这门学问与一切人文科学有密切关系，你学成回来可以做爹爹一个大帮手，我将来许多著作，还要请你做顾问哩！不好吗？你自己若觉得性情还近，那么就选他，还选一两样和他有密切联络的学科以为辅。你们学校若有这门的好教授，便留校，否则在美国选一个最好的学校转去，姊姊哥哥们当然会替你调查妥善，你自己想想定主意罢。

专门科学之外，还要选一两样关于自己娱乐的学问，如音乐、文学、美术等。据你三哥说，你近来看文学书不少，甚好，甚好。你本来有些音乐天才，能够用点功，叫他发

① 实有诸己：成为自己内在的东西。

荣滋长最好①。

　　姊姊来信说你因用功太过，不时有些病。你身子还好，我倒不十分担心。但做学问原不必太求猛进，像装罐头样子，塞得太多太急，不见得便会受益。我方才教训你二哥，说那"优游涵饮，使自得之"，那两句话，你还要记着受用才好。

　　你想家想极了，这本难怪，但日子过得极快，你看你三哥转眼已经回来了，再过三年你便变成一个学者回来帮着爹爹工作，多么快活呀！

　　……

爹爹　八月廿九日

两点钟了，不写了。

【解析】

　　孩子读书求学已见成绩，家长又会在什么方面予以指导呢？或许是婚恋的期待，或许是融入社会的练习。不过梁启超在意的，是梁思成在大学太过专注于自己的专业，可能带来思维、视野上的局限。他希望梁思成能分出一些时间来学习"常识"。

　　梁启超所说的"常识"，并不是指日常生活里的知识，而可能更接近今天所说的"通识教育"。早在辛亥革命前的1910年，梁启超在流亡中，便发起创办国民常识学会，希望通过社会教育"增进国民常识"，这是为了培育适合现代政治的、有

---

① 发荣滋长：荣，草木开花或谷类结穗。滋长，生长。比喻人的茁壮成长。

素质的现代国民。不过，从信里来看，此时的梁启超，可能更加着眼于"学问趣味"。完整的、有趣味的生活，使人的生命充满生机，常常能感受到新东西，就像朝阳升上天空，像新荷破出水面，都是活泼美好的气象。

但是，如果对什么都有兴趣，会不会学不深呢？这方面，梁启超是非常坦诚、非常自信的。他一方面觉得自己是个好父亲，"有我这样一位爹爹，也属人生难逢的幸福"，不能和他交流，都是种遗憾；另一方面，他也非常直接地承认，兴趣太广泛，导致他学术上"不能专积有成"，没有专门积累的成果。这使他的思想没有主线，有着"泛滥无归的短处"，但这也让他始终兴趣满满，有着"烂漫向荣的长处"。写到这里，他似乎很得意地让孩子们留着这封信，觉得这段描写能题到他的画像上，说明这个自我评价，他觉得确实形象地刻画出了自己。只是梁启超的"不能专积有成"是指没有在专门领域深耕细作，他却是开了很多学科专业现代研究的先河呢。

思成的身体不好，父亲十分关心，建议他不要过分消耗体力，而是要从容地学习。他用"猛火熬"和"慢火炖"两个有意思的比喻，要儿子把集中精力苦读和优游读书两种方式循环交互使用，这样才能做到"实有诸己"，就是让梁思成把所学的知识内化为自身的认识。

提到思庄的功课，梁启超也强调选择一两样"关于自己娱乐的学问"，他的意思是让思庄为自己寻找兴趣。他很乐见女儿读课外读物，或是发挥音乐天赋。因为这些东西，都能提供恒久的趣味和动力。他曾在《趣味教育与教育趣味》里说：

"人类若到把趣味丧失掉的时候，老实说，便是生活得不耐烦，那人虽然勉强留在世间，也不过行尸走肉；倘若全个社会是如此，那社会便是痨病的社会，早已被医生宣告死刑。"他在《美术与生活》里说到，美术作为趣味来源的一种，有诸多有益心灵的作用，"把我们的心弦拨动，我快乐时看他便增加快乐，我苦痛时看他便减少苦痛"。通过梁启超的这封信，我们大致可以明白如何面对孩子的学业与兴趣的关系了。

（二）

梁启超《趣味教育与教育趣味》手稿

致梁思庄书，1928年8月5日

庄庄：

　　听见你二哥说你不大喜欢学生物学，既已如此，为什么不早同我说。凡学问最好是因自己性之所近，往往事半功倍。你离开我狠久，你的思想近来发展方向我不知道，我所推荐的学科未必合你的式。凡学问没有那样不是好，合自己式（和自己的意兴若相近者）便是最好。你应该自己体察做主^①，用姊姊哥哥们当顾问，不必泥定爹爹的话^②。但是新学期若已经选定生物学，当然也不好再变，只得勉强努力而已。我狠怕因为我的话，搅乱了你治学针路^③，所以赶紧写这封信。

八月五日　爹爹

【解析】

　　梁思庄1925年4月前往加拿大，学习了大约一年的英语后，第二年开始读大学预科。前一封信里，梁启超给思庄提出专业选择的建议，应该是影响到了女儿的选择。当时很流行把自然

---

① 体察：考察。
② 泥定：株守，拘泥。
③ 针路：古代用罗盘针所指示的航道，指路径方向。

科学的规律移植到人文科学中来，梁启超或许是出于这一点，向思庄推荐了生物学，说"它是现代最进步的自然科学，而且为哲学、社会学之主要基础"。梁启超也期待着思庄将来可以给他帮忙。1926 年，他就对孩子们规划说："我所望于思永、思庄者，在将来做我助手。第一件，我做的中国史非一人之力所能成，望他们在我指导之下，帮我工作；第二件，把我工作的结果译成外国文。"不过通过一年的学习，思庄发现自己并不喜欢生物学，并由二哥思成告诉了父亲。梁启超又写了这封信，告诉女儿，不要因为自己的建议而勉强选择不合适的专业。

梁启超对子女的专业，有自己的建议，但具体如何选择，依然尊重孩子们的想法。他建议思庄学生物学，但前提是"不知道你性情到底近这方面不？"他做得相当开明。有些父母或许会将自己的理想寄托在子女身上，无论孩子是否有天分、是否喜欢，都让孩子依照自己规划的路成长。但梁启超并非如此，他把选择权交给了孩子自己。思庄后来拿到了麦吉尔大学文学学士学位和哥伦比亚大学图书馆学学士学位。回国后，她先后在国立北平图书馆、燕京大学图书馆、广州市立中山图书馆工作。新中国成立后，任北京大学图书馆副馆长。1980 年，梁思庄当选中国图书馆学会副理事长，成为我国著名的图书馆学家。如果父母替儿女做一切的选择，就未必能教育出这么优秀的子女了。

第四章

人生百味

导　读

　　来到这一部分，我们想展现梁启超在大时代中的人生细节，从中折射出他的人生观，以及他如何引导孩子们的人生。

　　前文我们说到，梁思成回忆起父亲，说梁启超的人生不论环境如何，都**"以不忧不惧为宗旨"**，这出自孔子所说的"知者不惑，仁者不忧，勇者不惧"。不忧不惧，说明人的内心通达，对自己的选择无愧于心，从而能够直面自己所处的境遇。梁启超的一生，经历许多关键的历史时刻，作为一个有血有肉的人，他并非没有过迷茫失落，也不是没做过错误的选择，但正如他在家书中所说："你们几时看见过爹爹有一天以上的发愁，或一天以上的生气？""无论处何种境遇，常常是快乐的。"但是，如何能做到不忧不惧呢？从梁启超与孩子们分享的人生点滴来看，也许有些潜移默化的细节可以借鉴。

　　人生中遇到的事情有大有小，我们可以把小的挫折当作考验自己的机会，不要看到挫折就被它吓倒，也不要因为这些挫折相对容易克服，就将它糊弄过去，自己没有得到提升，人生经验也没有得到丰富。思成遇到车祸，受伤养病，延迟留学，梁启超劝慰他说："小挫折正磨练德性之好机会。"他不是否定思成的痛苦和沮丧，也不是用"精神胜利法"安慰思成，而是因为人生旅途漫漫，不可能事事满意。当遇到考验的时候，我们如果专注于培养自己的勇气、决心与耐心，之后面对浩瀚的世界和漫长的人生，会有着更加坚韧不拔的生命力。正因如此，**梁启超时常强调寒素家风，希望孩子们日常受一些磨练和塑造。**当他加入护国战争，面对真正的危险和动荡时，他写下家信，要思顺转告思成、思永："处忧患最是人生幸事，能使人精神振奋，志气强立。"梁启超在做反思，他不怕孩子们失去优越的物质条件，而是认为腐败的政治与奢靡的生活才是成长道路上更加危险的东西。思顺随希哲派驻加拿大，因为北洋政府财政危机，收入缩减，梁启超也劝思顺"在这种半清净半热闹的地方，带着孩子们读书最好，几个孙子叫他们尝尝寒素风味，实属有益"。

接受磨练是人生境遇，**坦荡自律则是人生的内核。**梁启超回国之初，面对政客们的极力拉拢，身边的亲友中，有些人也觉得这是向上爬的时机。面对这些请托，他对思顺感慨"人贵自立"。也是在这段时间，梁启超谈起自己的家用，又说到，如果自己愿意贬低自己的人格，"月入万金不难"，但他觉得这不是正确的道路。正因如此，当政局动荡的时候，身边亲人担心梁启超的安危，他却对危险毫不在意，因为他没有与腐败的政客同流合污，而是能够直面自己的选择。

"锲而不舍"印

面对苦难时的坚韧是一方面；**从肩负的责任中找到乐趣，为人生注入正向的激励，是梁启超面对人生的另一种修养。**我们并不歌颂苦难，人生不可能单靠苦难来塑造。一个人把自己的乐趣放在哪里，他如何安慰自己、奖励自己，同样重要。在《最苦与最乐》中，梁启超提到："人生须知道有负责任的苦处，才能知道有尽责任的乐处。这种苦乐循环，便是这有活力的人间一种趣味。"可见能肩负责任，不仅在于吃苦，还在于自我实现之后回报自己的轻松和开心。

实际上，"趣味"在梁启超的思想中，是非常重要的命题。他在另一篇文章《趣味教育与教育趣味》里开宗明义地说：

假如有人问我："你信仰的什么主义？"我便答道："我信仰的是趣味主义。"有人问我："你的人生观拿什么做根柢？"我便答道："拿趣味做根柢。"

"根柢"是基础的意思。为什么趣味能作为人生观的根柢呢？**因为有趣味的人生，代表着一种超越功利的、积极的人生观**。梁启超说，因为能从人生中找到乐趣，他"对于自己所做的事，总是做得津津有味，而且兴会淋漓；什么悲观咧厌世咧这种字面，我所用的字典里头，可以说完全没有"。梁启超的兴趣极多，这使他面对重大的政治压力，仍然能够给自己保留一方天地，他赏花、练字、出游，把苦闷消解在趣味之中。而到晚年，他面对病痛的态度，尤其可以让我们体会到他的人生兴会。他为孩子们着想，用自己的乐观，消解孩子们对他的担心。他对思顺说："小小的病何足以灰我的心？我现在早已兴会淋漓的做我应做的工作了。"住进北京协和医院，他更是写出一封极尽诙谐的信，让孩子们知道他的"快活顽皮样子"。父亲的良苦用心，隐藏在他的乐观和通达里。

正是因为要保持"兴会淋漓"的人生态度，梁启超**十分注重孩子们的身心健康**。他经历过流亡与从军，深知身体健康是一切的基础。这方面的关注，一部分出自他对孩子们的疼爱。1912 年，他给思顺写信，就在问"思成体复何似"。到思成大学毕业时，梁启超更是叮嘱"把自己的身体和精神十二分注意锻炼、修养"。由身体到精神，他又常关心思成："知道你的确还是从前那活泼有春气的孩子，又知道身体健康也稍回复了——但因信中有'到哈佛后已不头痛'那句话，益证明我从前的担心并非神经过敏了。你若要我绝对放心，务要在寒假期内找医生精密检查，看是否犯了神经衰弱的病，若有一点不妥，非把他根本治好不可！你这样小小年纪，若得了一种痼疾，不独将来不能替国家社会做事，而且自己及全家庭都受苦痛。"

值得注意的是，关注孩子的精神健康，不是对孩子的负面情绪大惊小怪、避之唯恐不及，更不能"变味"，去要求孩子在父母面前压抑情绪，开心地"承欢膝下"。这就涉及梁启超强调身心健康的另一部分原因——这是传统儒家、道家学者的一种修养功夫。早在维新变法的时候，梁启超在时务学堂，为学生们定的《湖南时务学堂学约》中，开头第一条是"立志"，其次是"养心""治身"，后面才是"读书""穷理""学文"。从身体的基础，到精神的境界，作为一个有修养的人，应该达到自然通畅的状态，这是由情感与生命汇聚而成的和谐状态。梁启超希望在思成身上看到的"春气"，也指的是生命力自然温和的流露，这对人格的塑造有积极作用。

说到这里，我们就来看看梁启超与他的孩子们，人生中的苦与乐吧。

致梁思顺书，1912年12月5日

十二、十三号禀皆收。

祖父南归一行，自非得已。然乡居如何可久，且亦令吾常悬悬①。望仍以吾前书之意，力请明春北来为要。

……

津村先生肯别诲汝中央银行制度②，大善，大善。惟吾必欲汝稍学宪法（宪法能讲比较尤妙）、行政法，知其大意，经济学亦必须毕业，而各课皆须于三月前完了。试以商津村何如？经济学吾曾为汝讲生产论（诸师乞书，日内当寄），故此可稍略，交通论中之银行货币既有专课，尤可略，然则亦易了也。

荷丈月入已八百，尚有数部力邀彼往（其职约当前清之三品京堂）③。若皆应之，则千余金可得（但今者报馆缺彼不可，印刷局在京，非彼莫办也）。而鼎父至今无着落④，汝诸表兄日日来嬲我求差事（小四、小八皆不自量，小八指缺硬索已四五次矣）⑤，吾亦无能为助。甚矣，人贵自立也。

---

① 悬悬：惦念，心情不安。
② 津村：津村秀松，思顺的日本老师，著有《国民经济学原论》。
③ 京堂：清代对某些高级官员的称呼。
④ 鼎父：杨维新（1883—1958），字鼎甫，广东新会人。长期追随梁启超。
⑤ 嬲（niǎo）：纠缠。指缺硬索：缺，旧时称官位、职位的空缺。点明了职位强行索要。

示娴儿。

饮冰 十二月五日

......

【解析】

　　1911年辛亥革命爆发，1912年10月，梁启超刚从日本回国，报名要见他的名流已经有二百多人。汤觉顿发错了电报，把梁启超归国的日子从初五写成初三，很多人等了他三天，乱骂一气。梁启超的受欢迎程度可见一斑。袁世凯更是对他极力拉拢。梁启超入京本来找好了住的地方，偶然与人谈到清朝时的名臣曾国藩、李鸿章进京都住在贤良寺，不久袁世凯竟然打扫好了贤良寺，请他下榻，吓得梁启超不住感慨袁世凯"真无所不用其极也"。

　　但在这个时候，梁启超不愿动用影响力，在政府机构安插自家亲戚。他更关心怎样把老父接到身边照顾，也关注思顺在日本的学业进展。梁启超对亲友子女的教育一向关切，李家和梁家的侄儿侄女，从教育到工作，他都尽力谋划。但他不愿将职位交到不合格的人手上，所以在信里抱怨这些亲属不自量力，更对直接点明要某某职位的晚辈很不满。他借这个机会告诉思顺，"人贵自立"，不要起依赖父祖长辈的念头。父母可以为子女谋划未来，却不能代替子女生活。他为思顺选择的专业，从法学到经济学，都是可以"在社会上尽力"的学问。不管是自立的能力，还是自立的精神，都需要从生活中的小处培养。

致梁思顺书，1912年12月

　　顷电汇四千，想先此书达。书言二千者，恐祖父见家费多或生恼怒也。当告汝母切切不可再投机，若更失败，吾力亦实不逮也。本年不再寄家费，可否？老吴手法实不高妙①，汝叔辈不放心用外人，牵率吾夫仍食初九下等之馆子菜②，可谓冤极。然权在彼手，吾无如何也。我依然不名一钱，财权在汝叔手（我若反对，将并下等菜亦不给吃矣），吾独奈何？一笑。局面稍定，风波稍平，吾必易名厨，以偿口腹耳。

　　昨书言今日电四千，因荷丈终日会客，款未取得，明日当电，惟电二千，其二千则票寄也。北江处吾前月曾寄与二百，彼入东京或适得此款时亦未可知，不必深怪彼。故者无失其为故③，凡事须为我留地步也（切嘱，切嘱！岂可令人诮我凉旧者）④。吾若稍自贬损⑤，月入万金不难，然吾不欲尔尔。今汝叔主意除两处家用外，欲为我每月储蓄二千，

① 老吴：梁启超家的厨师。
② 牵率：连累。
③ 故者无失其为故：出自《礼记·檀弓下》："亲者毋失其为亲也，故者毋失其为故也。"指亲人故旧即使有不对，也不要失去为亲、为故之道，还要往来。
④ 诮（qiào）：责备，嘲讽。凉旧：薄待故人。
⑤ 贬损：贬低损毁。

不知究能办到否。听汝叔为之可也。此间自费有限，一切房租、食用、工钱等，皆报馆数①，吾所用惟添置衣物及车马、请客等费耳。可以此告慰汝母。但宜力谏汝母，勿再投机，倘再失败，汝叔不允救济，吾亦无法也。藻孙陕款已交②。

此纸不必呈祖父。

......

【解析】

在这封信中梁启超告诉思顺，给日本家中寄了钱，因为李蕙仙投资期货，家中资金一时周转不开。1912年公布的民国《中央行政官官俸法》里，规定国务总理月薪一千五百元，各部总长月薪一千元。四千元对于梁启超来说是笔数目不小的钱，梁启超在家庭成员之间，做了巧妙的维护。他先说自己的钱都在二叔手里，不能随意支出，以此告诫李蕙仙下不为例；又告诉思顺，寄出的钱分成两部分，渠道各不相同，思顺可以对祖父说只收到二千元，这页信不必给祖父看，怕老人看到家庭支出大而生气，可以说是用心良苦。这段时间梁启超天天盯着报纸上的期货价格，心里惴惴不安，尽管此后有了获利，但他还是通过思顺表明反对投机，几天后又去信说"吾家殆终不能享无汗之金钱也"，意思是说，他不想享用不劳而获的钱，这不是自食其力。

梁启超对期货投机不以为然，他在信里说，如果"稍自贬

---

① 皆报馆数：指信中所述的费用计入办《庸言》杂志的成本。
② 藻孙：李葆忠，李蕙仙之侄。

损"，可以月入万元，以他当时受欢迎的程度，这确实不是自夸。但他不愿意为了钱而失去人格，因此宁可减少收入。

信中梁启超提到的"北江"，是指他的老师康有为。此前在变法维新中，他们是同一战线上的亲密战友。但康有为是保皇党，支持帝制，1917 年张勋拥立溥仪复辟的时候也积极参与，因此与梁启超渐行渐远。康有为是广东南海人，梁启超在信里没有称康有为为老师，而是用"北江"指代"南海"，或许他也不愿直接面对这样的关系。信中说："彼入东京或适得此款时亦未可知，不必深怪彼。"大概梁启超给老师寄了钱，老师没有及时收到，对他有意见。但无论存在怎样的分歧，梁启超告诫思顺不要怪南海先生，做事需"留地步"，对于旧恩不能凉薄对待。孔子说"亲者毋失其为亲也，故者毋失其为故也"，是因为他帮助老朋友原壤葬母，原壤不但不悲戚，还敲着棺材唱歌，孔子的弟子子路很生气，要孔子和原壤绝交。孔子就说，只要亲人故旧没有做坏事，那么该如何交往，还是如何交往。梁启超引用了这句话，可以看出他对故旧铭记在心。

致梁思顺书，1913年1月30—31日

　　连得七、八、九号禀，至慰。汝真纯孝，能与我精神感通，计汝作第九次禀时，吾心颇有所刺激不宁也。然吾亦尝学道自得，岂外界所得牵移。

　　吾十日来半掷日力于字课，此吾频年所用养心之良法，汝若侍侧①，当能窥其微矣。汝学日进，吾闻此则百忧解。阿庄、阿达之态皆足令我悬想开颜。改岁后，吾或微行。一入京第，恐不能密，又惹无味之酬应耳。造像明日可成，成当遂寄。

壬子腊不尽六日②　　饮冰

　　残腊向尽，严屏百事③，不使与耳目接。同舍生各有所适，向夕相率去，余独占一室。室中养海棠二、蜡梅二、红白梅各一、水仙六，他二卉不知名。案头群籍尽束，惟置《玉溪生集》④，诵其近体殆遍⑤，自斟海西葡萄酒侑之⑥。

　　研墨新足，呵冻作字课⑦，所写即玉溪《锦瑟》《碧城》

---

① 侍侧：陪侍左右。
② 腊不尽：腊月还剩多少天。
③ 屏（bǐng）：除去，排除。
④ 玉溪生：李商隐（约813—约858），字义山，号玉谿生，怀州河内（今河南沁阳）人。唐代诗人。
⑤ 近体：绝句和律诗的通称。
⑥ 侑（yòu）之：侑，相助。指饮酒为读诗助兴。
⑦ 呵冻：冬天手指冻僵或笔砚结冰，呵气使手指温暖或墨汁融解。

诸什也^①。尽八纸得二十章，媵以小骈文^②，一夕所课如此，不知为苦为乐也。

壬子腊不尽五日　饮冰

【解析】

　　1913年，是风雨飘摇的一年。这年先后发生了宋教仁遇刺案与"二次革命"，袁世凯在一片反对声中就任正式大总统，梁启超出任司法总长。但梁启超与腐败的政治不能相容，他的心情就像信中说的，经常"有所刺激"，心里并不安宁。他用各种方式开解自己，用他自己的话来说是"学道自得"，他留给自己一方美好的天地，用自我修养来化解政治生活的苦闷，拒绝外界政局的影响。

　　他会练字，这是他保持一生的爱好，也是一种留给自己的功课，是调养身心的好办法。后来他还会举行书法义卖，筹集善款。他会养花，北方天寒地冻的腊月，毛笔有时都会冻住，他的屋中，却摆着红红白白的十几盆花，充满生机。他会读诗，他喜欢李商隐的"朦胧诗"，读着好像没有确切的意旨，但有种神秘的美，好像不能吐露的委婉心事，静静地倾泻在美好的意境中。他倒上一杯葡萄酒，细细地吟诵李商隐的诗句，写出离别的愁绪，寄给自己思念的人。

　　美学家叶朗曾说："梁启超美学中一个突出的观点，就是

---

① 诸什（shí）：一些篇章。
② 媵（yìng）：相送，致送。

梁启超《美术与科
学》手稿

把'美'在人类社会生活中提到了很高的地位。"在如此形势
下，梁启超把对家人的思念、对前途的思考、对国家局势的担
忧，表达得真诚而富有美感，这是苦中作乐的宽解，也是一种
美的教育。

致梁思顺书，1913年4月17日

......

汝叔辈常作无谓之忧虑，若有危险，断不起于室内，能禁我不出门则险可免。此安能者？不忧其他而忧盗之入室，岂非杞人？即如吾此次入京，东单二条之住宅环以十数人，而吾终日出门赴会，又往往至《国民公报》坐至夜分，此何伤者①？要之，吾既归国，即履险地，入京则更险，津险则不足道也。

所索二千，月杪电汇。汝母索耳珰②，吾固知为戏言，汝母所欲得之物，总不外恰克图火锅、腌菜坛子、黄铜烟袋之类③，吾与汝母相处二十年，宁不深知耶？一笑。《白香山集》损害赔偿④，不忧无着⑤。吾此次入都得博进数百金⑥，以购仇十洲极精之画（值三百五十）专以畀汝者（精美极矣）⑦。若犹未足，则所购旧本书尚值二百余金，任汝

---

① 此何伤者：这有什么危害呢。
② 耳珰（dāng）：耳环。
③ 恰克图火锅：恰克图，指沙俄罗曼诺夫王朝宫廷珐琅工艺。恰克图火锅即铜炉火锅。
④ 白香山：白居易（772—846），字乐天，晚号香山居士，祖籍太原（今属山西），生于新郑（今属河南）。唐代诗人。
⑤ 无着：没有着落。
⑥ 入都：进入北京。
⑦ 仇十洲：仇英（约1501—约1551），字实父，号十洲，太仓（今属江苏）人。明代画家。畀（bì）：给以。

拣取可耳。但汝亦勿太不廉①，当为诸弟妹地，毋使彼辈觖望②，谓老夫偏爱也（仇画则群季不能攘夺，因所绘为名媛，故吾专为汝购之）③。

项有一极可恼事，汝四叔翩然来矣（彼竟未往港谒祖父，祖父知彼来，有书告不许容留也）④。吾尚未见之，汝二叔不许其逗留，将令任发押解至沪，督上港船，然后任发由沪东渡云。

示娴儿。

饮冰　十七夕

【解析】

从戊戌变法失败被通缉逃亡开始，梁启超作为政治家，多次遭遇危险。他这一次写信的主旨，是他面对危险时内心的坦荡，同时也安慰身处日本的家人，让他们放心。1913年3月20日，民国史上最著名的暗杀案发生——宋教仁被刺杀了，政局顿时一片混乱。各路政治竞争对手彼此猜疑，梁启超的家人也忧虑他的人身安全，但梁启超在这里明确表示，他选择回国重新投身政治，就是选择了一条险路。入京比待在天津更危险，但这是他自己的选择。他同时也宽解家人，自己的住处外总有十几个人在守着，出门常去的国民公报报社也很安全，给家人一个安心。

---

① 不廉：贪得。
② 觖（jué）望：因不满而怨恨。
③ 群季：比自己小的弟弟妹妹们。攘（rǎng）夺：不择手段地获得占有。
④ 谒（yè）：拜见。

　　讲着讲着，梁启超又说起了家常事，读起来仿佛回到了普通的日常生活，暂时忘记环境的艰险。他说起与李蕙仙生活习惯上的默契。早前李蕙仙信中索要耳环，他明白她在开玩笑，相处了二十年，怎么会不知道她喜欢的仅仅是朴实的生活器具？他又告诉思顺，自己买了明代画家仇英的仕女图送给她。之前他买下很多善本旧书，说好思顺、思成、思永三个最大的孩子每人挑一本，没想到白居易的集子被二叔启勋看到拿去。梁启超补偿思顺，让她其余的书随便挑，但她不能太"贪心"，要与弟弟妹妹分享，因为仇英的画才是专门送给她的，其他人都不能夺去。仇英画的是名媛，这是专属思顺的礼物。四叔梁启业性格顽劣，与祖父梁宝瑛闹了矛盾，不去拜见祖父，转而来"求助"哥哥们，二叔不让他留在天津，直接让仆人押他到上海，登船去香港见祖父。可以看出，梁启超兄弟之间的相处也很有趣。

　　宋教仁的案件发生不久，梁启超曾对孩子们说，他的一生面临过许多险境，但他都平安度过，因为他没有做阴险的行径，他不需要畏惧。他要思顺不必担心自己，他反而担心思顺的学业呢。假如我们身在历史的惊涛骇浪中，是否能像梁启超一样，镇定自若甚至谈笑风生呢？临危不惧是一种可贵的品质，梁启超的坦然，不但使他平静面对政治环境，也感染着他的孩子们。

致梁思顺书，1915年6月11日

娴儿诵此：

　　憩沪三日①，遂游西湖，初拟信宿即行，今乃徘徊不忍去，昔人诗云"一半勾留是此湖"②，信不虚矣。

　　……顷排日作游课，每晨五时即起，秉烛乃归。环杭诸胜已什得六七。昨又溯富春江，探七里濑③，登严子陵钓台④，谒谢皋羽墓⑤，但觉无境不佳，应接不给⑥。每至一地，未尝不忆吾儿，以不克偕游为恨也⑦。西湖四时皆宜，惟夏较劣。今发大愿，誓欲以八九月之交来住两月。闻钱塘潮壮观不减畴曩⑧，而自钱塘江溯富春江二百余里，皆丹枫、乌桕，红叶之艳，世界所无。西溪之芦⑨，葛岭之桂⑩，皆以

---

① 憩（qì）：休息。
② 一半勾留是此湖：出自唐代诗人白居易《春题湖上》："未能抛得杭州去，一半勾留是此湖。"不能抛下杭州到其他地方去，一半的原因是留恋西湖。
③ 七里濑（lài）：位于浙江桐庐南，水流湍急，绵延七里。
④ 严子陵：严光，本姓庄，字子陵，会稽余姚（今属浙江）人。东汉隐士。
⑤ 谢皋羽：谢翱（1249—1295），字皋羽，号晞发子，福安（今属福建）人。南宋末散文家、诗人，跟随文天祥抗元。
⑥ 应接不给（jǐ）：应接不暇。
⑦ 克：能够。
⑧ 畴曩（nǎng）：往日。
⑨ 西溪：位于浙江杭州西郊的一片湿地，现为国家公园。
⑩ 葛岭：位于浙江杭州西湖畔宝石山西面，道教胜地，相传东晋道士葛洪隐居于此。

万株计，汝曹生长岛国，宁能梦想此境耶？深秋之游，非儿侍我，我不欢矣。富春上游有鸬鹚港者，在钓台对岸，晚唐诗人方玄英隐居地也①，境界绝肖箱根（惟箱根仅以溪瀑胜，此港则外与富春江相属，其雄伟气象，远非箱根所敢望）②。询其地价，每亩仅值一元，吾已属彼间县令为我购千百亩（亦欲在湖滨购十余亩）。其地宜茶、宜乌柏，信能躬耕③，则亦与千户侯等。营兹菟裘，吾将老焉④，当亦汝曹所乐闻也。

拟旧历五月一日返沪，尚思一到南通，再诣金陵，仍经泰岱，非五月半不能到京也。

昨得一英密电，此间无电本，不审何事，想非甚要耶。成、永入校事，想已妥，深念，深念。

四月廿九日　饮冰
西湖刘庄发

【解析】

　　1915年4月，梁启超把袁世凯政府中的所有职务全部辞去，对新的任命也置之不理。他离开京城，回乡为父亲祝寿。临走之前，给袁世凯写信劝谏，说得很诚恳："启超诚愿我大总统以一身开中国将来新英雄之纪元，不愿我大总统以一身作中国

---

① 方玄英：方干（？—约888），字雄飞，新定（今浙江建德）人。唐代诗人。隐居会稽镜湖，门人私谥玄英先生。

② 箱根：位于日本神奈川县西南部，是日本著名的温泉疗养胜地。

③ 信能：如果真能。躬耕：亲自种地。

④ 营兹菟裘（tùqiú），吾将老焉：出自《左传·隐公十一年》："使营菟裘，吾将老焉。"菟裘是春秋时鲁国地名，在今山东泗水北。后人以菟裘比喻退休养老的地方。

过去旧奸雄之结局。"他希望袁世凯不要逆历史潮流而动，妄图称帝。

在广东为父亲庆寿时，梁启超险些遭遇炸弹暗杀。6 月梁启超回程，经过上海，匆匆一游杭州。本打算只停留三天，还是一下子住上了十天，就像白居易一样，不肯抛下西湖。这时还是夏天，他已经兴致勃勃地计划着，到了深秋，要带思顺一起，观赏从钱塘江到富春江二百余里的丹枫、乌桕，要去看西溪的芦花、葛岭的桂花。他想在这里买一块地，从此种地养老，像信中提到的严光、葛洪、方干那样，做一个高洁的隐士。可梁启超并不是隐士，他需要赶回北京。在进京的路上，他已经写下《异哉所谓国体问题者》，交给密友汤觉顿带入北京登报，声称坚决反对改变国体，也拒绝了袁世凯的收买和威胁。

梁启超想定居的鸬鹚港，他说风景很像在日本居住的箱根。但他在日本时，也并没有安静隐居。蔡锷与时务学堂的十几个学生来投奔他，身上只剩下一百多个铜钱。梁启超同他们一起住简陋的房子，睡在地板上，早起晚睡，一同念书。到了写信的 1915 年，袁世凯 8 月建立"筹安会"宣传称帝后，蔡锷又来到天津找梁启超，密谋发起倒袁行动。梁启超在西湖十天梦幻的逗留，只是一次心灵的洗礼。

有意思的是，梁启超到杭州，住在西湖第一名园"刘庄"，这里后来成为西湖国宾馆，《中美联合公报》在这里草签。刘庄的主人刘学询，曾经为清政府效力，谋划过刺杀流亡日本的

"任公"印

梁启超和康有为，梁启超也同样组织过对刘学询的反杀。清王朝倒台，刘学询也保不住自己的庄园。刚脱离暗杀，又住在曾计划暗杀自己、又被自己暗杀过的人物故居，梁启超对称得上惊涛骇浪的人生经历，表现得十分淡定，想来也有世易时移的感慨吧。

致梁思顺书，1916年1月2日

……

处忧患最是人生幸事，能使人精神振奋，志气强立。两年来所境较安适，而不知不识之间①，德业已日退②，在我犹然③，况于汝辈。今复还我忧患生涯，而心境之愉快，视前此乃不啻天壤④，此亦天之所以玉成汝辈也⑤。使汝辈再处如前数年之境遇者，更阅数年⑥，几何不变为纨绔子哉⑦。此书可寄示汝两弟，且令宝存之。

一月二日

……

【解析】

这封信写在护国战争中，此时梁启超潜伏在上海，受到严密的监视与通缉。

---

① 不知不识：不知不觉。
② 德业：德行功业。
③ 犹然：也是这样。
④ 不啻（chì）：不止。
⑤ 玉成：成全（好事）。
⑥ 更阅：再经历。
⑦ 几何：多少。

危险之中，梁启超写下这封信，回顾回国以来孩子们的成长环境。在信里他做了很多反思，也让思顺把这封信拿给思成、思永两个弟弟看，让他们好好珍藏这封信，说明这是一次重要的训诫。

信中梁启超说，忧患是人生中幸运的事，这不是自欺欺人，当然也不是"自找苦吃"，而是作为一个有责任感的政治家，面对国家危难的选择。这次冒险，固然打破了家庭的富足生活，但对孩子们的成长来说是有益的。他感觉在袁世凯政府任职的两年来，环境太过安适。在奢侈腐败的环境之中，梁启超自己的品德，似乎也渐渐被腐蚀，孩子们如果也继续这样安逸下去，再过几年，难免变成无益于国家的纨绔子弟。他现在回到了忧患中，这在精神上是正确的抉择，他的心灵也摆对了位置。因此他反而心境愉快，同此前就像天壤之别。他也希望孩子们选择正确的人生道路。

袁世凯威胁收买梁启超的时候，问他怕不怕从此再度流亡。梁启超说，他是经验丰富的亡命之徒，宁可走上流亡之路，也不愿同流合污。古人说，"由俭入奢易，由奢入俭难"，梁启超选了难的路。明末大儒黄宗羲说过："人处忧患时，退一步思量，则可以自解，此乃处忧患之大法。"当必须踏上最艰难的路时，不妨以一种积极的态度面对，把忧患当成人生最好的打磨吧。

黄宗羲画像

致梁思成书，1923年7月26日

汝母归后说情形，吾意以迟一年出洋为要，志摩亦如此说，昨得君劢书，亦力以为言。盖身体未完全复元，旋行恐出毛病①，为一时欲速之念所中②，而贻终身之戚③，甚不可也。人生之旅，历途甚长，所争决不在一年半月，万不可因此着急失望，招精神上之萎苶④。汝生平处境太顺，小挫折正磨练德性之好机会，况在国内多预备一年，即以学业论，亦本未尝有损失耶。

吾星期日或当入京一行，届时来视汝。

【解析】

1923年5月7日，思成、思永兄弟去参加"二十一条国耻日"纪念活动，不幸被撞伤。思成原先计划这一年出国留学，因为身体没有恢复，不得不推迟到1924年。当然，他也多了一年陪伴父母的时间。对于行程的延误，年轻的思成有些受挫。梁启超劝慰儿子，无论是朋友还是父母，都希望他康复之后再

---

① 旋行：马上出发。
② 中（zhòng）：遭受，感染。
③ 贻（yí）：留下。终身之戚：一辈子的悔恨。
④ 萎苶（wēi）：精神不振作。

出发。如果一心赶进度，想要快一点儿，不顾身体立刻出发，万一旅途中有所损伤，那就是终身的遗憾。人生的旅程还长着呢，要竞争决出高下并不在此一时。更重要的是不可因为推迟出国计划，而造成精神上的萎靡不振。

梁启超提到了"欲速之念"。孔子说，"无欲速，无见小利。欲速，则不达，见小利，则大事不成"，就是说不要只看眼前利益，越想快越快不了，越执着眼前利益越办不成大事。良好习惯的养成、心志的磨砺、人格的培养，这些都是长期的事。梁启超希望思成将眼光放远一点儿，也用这段时间把学业基础打得更扎实一点儿。人生的路有时不能赶着往前走，保持静气，能更好地面对生活中的种种挫折。

这里就要说一说顺境与逆境对人的塑造了。梁启超对梁思成说："孩子呀，你出生之后一直在顺境中，遇到这个小的挫折，正好当成是磨砺自己品德性情的好机会。就算在国内再准备一年，又有什么损失呢？"我们今日的环境，已经比百年前安稳太多，但也造成了很多人无法接受哪怕一丁点儿不顺。可人生总是充满种种意外，不顺的概率是永远存在的。做好计划，并做好出现计划外情况的心理准备，这才是谋事、成事的良好心态。

致孩子们书，1926年3月10日

大孩子、小孩子们：

贺寿的电报接到了。你们猜我在那里接到？乃在协和医院三〇四号房！你们猜我现在干什么？刚被医生灌了一杯蓖麻油①，禁止吃晚饭！活到五十四岁，儿孙满前，过生日要挨饿！你们说可笑不可笑？

（Baby：你看！公公不信话，不乖，过生日还要吃泻油，不许吃东西哩！）

我想做一首诗唱唱这段故事；但做来做去做不好，算了罢。过用心思，又要受王姨娘们唠叨了！

我这封信写得最有趣！是坐在病床上用医院吃饭用的盘当桌子写的。我发明这项工具，过几天可以在病床上临帖了。

现在还是检查（诊断）时期：昨天查过一次，明天再查一次，就可以决定治疗方法了。协和真好！可惜在德国医院担阁许多日子②，不然，只怕现在已经全好了。

诊断情形，你二叔们当陆续有详细报告，不消我说了。

———————

① 蓖（bì）麻油：蓖麻油，润肠用。
② 担阁：耽搁。

我写这封信，是要你们知道我的快活顽皮样子。

正月二十六日，不知阳历是何日　爹爹

昨晚院中各科专门医生分头来检查我的身体，各部分都查到了。都说：五十岁以上的人体子如此结实①，在中国是几乎看不见第二位哩！

【解析】

梁启超是个很可爱的人，他在信末说要孩子们知道自己"快活顽皮样子"，不但是有心宽慰子女，不让子女为自己的身体担心，同时也是他乐观积极一面的真实展现。

1926 年的生日，梁启超在协和医院度过。他的这场病闹得影响很大。当时协和医院通过检查，认为梁启超右肾樱桃大小的阴影是恶性肿瘤，建议切除右肾。只是手术结束后，梁启超的尿血情况并无改善，直到去世。

二弟梁启勋心疼兄长少了一个肾，在报上发表《病院笔记》，引起各界关注。梁启超的弟子徐志摩也写了一篇《我们病了怎么办》，要向医院讨一个说法。

不过梁启超本人却非常宽容。他不许徐志摩等将协和医院起诉到法庭，也不要求赔偿道歉，甚至专门写了一篇《我的病与协和医院》刊在《晨报副刊》上，为医院辩解，表示"这是医学上的问题，我们门外汉无从判断"，"说是医生孟浪，我觉得冤枉"。梁启超当然珍惜生命，但他面对生死病痛如此理性，

---

① 体子：身体，体质。

正是他平生修养的体现。手术之前的这个生日，他其实过得很是凄凉，"活到五十四岁，儿孙满前，过生日要挨饿"。但他俏皮地从思顺孩子的视角来描述："你看！公公不信话，不乖，过生日还要吃泻油，不许吃东西哩！"又机智地把病房吃饭的盘子当成桌子用，坚持每天练习书法，心中充满喜悦。由此可见，他确实是乐观通达的人。他让孩子们把忧患、逆境当成磨砺自我的机会，也是出于自己的人生经验和性格所好。

致梁思顺书，1926年6月11日

顺儿：

前次以为失掉了你一封信，现在也收到了，系封在阿时信内，迟了一水船才到①。

弟弟们把我的信扣留，我替你出个法子，你只写信给他们说，若不肯将信寄回来，以后爹爹有信到，你便藏着不给他们看，他们可就拗你不过了。

你们不愿意调任及调部也是好的②，"知足不辱，知止不殆"③，只要不至冻馁④，在这种半清净半热闹的地方，带着孩子们读书最好，几个孙子叫他们尝尝寒素风味，实属有益。试拿他们在斐律宾过的生活和你们在日本时比较⑤，实在太过分了。若再调到热带殖民地去，虽多得几个钱，有什么用处呢。

你们也不必变更计画，打算早回来，我这病绝不要紧，已经证明了。你们还是打四五年后回来的主意最好，总之，

---

① 迟了一水船：错过了原计划的船，推后一班船。
② 调部：调回外交部。
③ 知足不辱，知止不殆：出自《道德经》第四十四章："故知足不辱，知止不殆，可以长久。"
④ 冻馁：馁，饥饿。饥寒。
⑤ 斐律宾：菲律宾。

到我六十岁生日时，算来全部都回来了，岂不大高兴。

这一两年内，我终须要到美国玩一趟，你们等着罢。再过一星期就去北戴河了。

六月十一日　爹爹

【解析】

思顺的家书失而复得，梁启超很高兴，还给女儿出主意，如果弟弟们扣留自己写的信，就让女儿如法炮制，不愁他们不听话。

在这封信里，梁启超主要谈的是清白寒素的家风。女儿女婿不想调动职位，尽管此时的收入比调动后差一些，但是他很赞许女儿女婿的选择，众星拱月有时不如清贫自守。先秦思想家老子说过，"知足不辱，知止不殆"，知道满足就不会受到屈辱，知道适可而止就不会有危险。思顺小时候在日本过着流亡生活，相当清苦，而她的孩子作为外交官子弟，小的时候随父亲派驻菲律宾，成长环境与思顺比起来，有点奢侈了。思顺和希哲留在加拿大，不是很繁华，但也并不落后，外孙辈正好在这样的环境中好好读书。

梁启超一向以清白寒素为家训。传统儒家提倡"耕读传家"，梁家代代相传，过着耕读传家的生活。十年前的护国战争中，梁启超劝慰思顺说："吾家十数代清白寒素，此乃最足以自豪者。"他甚至认为，放弃袁世凯给的高官厚禄，不但是对国家尽责，而且是把孩子们从危险中救了出来。十年后对家中的第三代，梁启超的打算也是一样，不要贪恋不能持久的虚荣生活，更不能因此损伤品格。梁启超面对荣华富贵，始终保持警醒和谨慎——富贵固然安逸，忧患固然辛苦，但二者对品性涵养所起的作用，高下立判，可以说有如天壤之别。

1927 年，梁启超又给思顺写道："你和希哲都是寒士家风

广东新会凌云塔

出身，总不要坏自己家门本色，才能给孩子们以磨练人格的机会……至于快乐与否，全不是物质上可以支配。能在困苦中求出快活，才真是会打算盘哩。"无论世事如何变幻，人格上的财富，才是永远不会被夺去的财富。这正是他留给孩子们最重要的资产。

致孩子们书，1926年9月4日

孩子们：

今天接顺儿八月四日信，内附庄庄由费城去信，高兴得狠。尤可喜者，是徽音待庄庄那种亲热，真是天真烂漫好孩子。庄庄多走些地方（独立的），多认识些朋友，性质格外活泼些，甚好，甚好。但择交是最要紧的事①，宜慎重留意，不可和轻浮的人多亲近。庄庄以后离开家庭渐渐的远，要常常注意这一点。大学考上没有？我天天盼这个信，谅来不久也到了。

忠忠到美，想你们姊弟兄妹会在一块，一定高兴得狠，有什么有趣的新闻，讲给我听。

我的病从前天起又好了，因为碰着四姑的事，病翻了五天（五天内服药无效）。这两天哀痛过了，药又得力了……

四姑的事，我不但伤悼四姑，因为细婆太难受了②，令我伤心。现在祖父、祖母都久已弃养③，我对于先人的一点孝心，只好寄在细婆身上，千辛万苦，请了出来，就令他老人家遇着绝对不能宽解的事（怕的是生病），怎么好呢？

---

① 择交：有选择性地结交朋友。
② 细婆：梁启超母亲去世后，父亲所娶的妾。
③ 弃养：父母逝世的婉辞。

这几天全家人合力劝慰他，哀痛也减了好些，过几日就全家入京去了。清华八日开学，我六日便入京，在京（城里）还有许多事要料理，王姨及细婆等迟一礼拜乃去。

……

九月四日 爹爹

【解析】

在年轻人成长的过程中，影响最大的，除了父母、老师，就是他们的朋友。思庄远在大洋彼岸，梁启超并没有约束她、不相信她，而是鼓励思庄自己一个人出行，开阔眼界、结识新朋友；但另一方面，又告诉她"择交是最要紧的事"，一定要慎重，千万不要和轻浮的人往来。

古圣先贤对交友有很多心得，孔子说"无友不如己者""益者三友，损者三友"。教育好孩子不容易，一味严加管控，孩子可能畏缩，可能叛逆；一味放任自流，孩子可能受到负面影响，有些错误还能挽回，有些则会铸成终身之憾。梁启超深知教育的"度"在哪里，以及九个子女的性格差异。思庄的性格坚韧自立，不像长姐思顺与父亲的互动那样多，一开始求学，在专业的选择上也没有及时表达自己的意愿，这让梁启超有些担心。这个月的 26 日，梁启超又去信对思庄说："交朋友最当谨慎，一切事都常常请姊姊哥哥们当顾问，我就放心了。"

梁启超自己的朋友中何等身份的都有，他不会因权势地位分亲疏，但交友的品性则不得不考虑。他自己积极、乐观、开明，便也喜欢这样的人。孩子长大了，不一定把所有的话都说给父母听，那么这时，出现在孩子身边的人，便可能是孩子人生重大选择的建议者。与其同轻浮的人争夺影响力，倒不如一开始就阻绝品行不端的人的接近。

信的后半，梁启超又失去一位亲人，就是父亲后来的伴侣"细婆"生下的女儿，他对孩子们称她为"四姑"。梁启超的父母已经去世多年，他的长辈只剩下细婆。他把细婆接来北京，悉心照顾。发生这样的事，他不但为妹妹伤心，也担心无法宽解细婆，怕她生病。梁启超对家人的情感，在这里也尽情流露。

致梁思顺书，1926年10月7日

顺儿：

　　九月七日、十日信收到，计发信第二日忠忠便到阿图和①，你们姊弟相见，得到忠忠报告好消息，一切可以释然了。

　　我的信有令你们难过的话吗？谅来那几天忠忠正要动身，有点舍不得，又值那几天病最厉害（服天如药以前，小便觉有点窒塞），所以不知不觉有些感慨的话。其实，我这个人你们还不知道吗？我有什么看不开，小小的病何足以灰我的心？我现在早已兴会淋漓的做我应做的工作了，你们不信，只要问阿时便知道了。

　　我现在绝对的不要你回来，即使这点小病未愈也不相干，何况已经完好了呢。你回来除非全眷回来②，不然隔那么远，你一心挂两路总是不安。你不安，我当然也不安，何必呢！现在几个孙子已入学校，若没有别的事，总令他们能多继续些时候才好。

　　……

　　我倒要问你一件事，一月前我在报纸上看见一段新闻，

①阿图和：今译为渥太华，加拿大首都。
②全眷：全家人。

像是说明年要在加拿大开万国教育大会，不知确否？你可
就近一查，若确，那时我决定要借这名目来一趟，看看我
一大群心爱的孩子。你赶紧去查明，把时日告诉我，等我
好预备罢。

......

十月七日　爹爹

【解析】

这封信，展现了梁启超人生态度中的"兴会淋漓"。

人之为人，生老病死是躲不过的规律。梁启超1926年入
院治疗后，身体逐渐走下坡路，但在给孩子们的信中，他始终
表现出万分的积极乐观，感染自己的孩子们。

1926年，梁思忠赴美留学，大约是向哥哥姐姐说了父亲
身体的状况。梁启超不希望孩子们为此难过，强调忠忠临行前
正是自己身体最不好的时候，又要送一个孩子离开求学，所以
才有点感伤。从信中仿佛能看见他强撑着病体笑着说："我这
个人你们还不知道吗？小病而已。我现在已经和以前一样，兴
致勃勃地投身到工作中了呀！自己每天保持工作，反而精神焕
发。"他不希望女儿听说自己生病就千里迢迢地赶回来，担心
女儿又牵挂他，又牵挂加拿大的丈夫孩子，"一心挂两路"，还
不如再等等，全家人一起回来，或者他干脆到北美去看望孩子
们。他这种为子女着想的拳拳之心，显得如此慈祥可亲。

梁启超身边的好友，有一些已经慢慢走向人生的终点。
写这封信几天之前，梁启超去看望老友诗人曾习经，他得了

痛疽，已经无法治疗，梁启超只能在经济上给予援助。不久之后，曾习经病逝，后事也全靠梁启超等朋友料理。梁启超在南京讲学时拜访的旧友陈三立，此时也患上便血症，十分痛苦。但梁启超压抑下晚年的凄凉，在给孩子们的信中，始终是那个"兴会淋漓"的爹爹和公公，快活而自由，将一切细细碎碎地娓娓道来。

致孩子们书，1927年11月23日

孩子们：

……

　　我近来最高兴的是得着思成长信，知道你的确还是从前那活泼有春气的孩子，又知道身体健康也稍回复了——但因信中有"到哈佛后已不头痛"那句话，益证明我从前的担心并非神经过敏了。你若要我绝对放心，务要在寒假期内找医生精密检查，看是否犯了神经衰弱的病，若有一点不妥，非把他根本治好不可！你这样小小年纪，若得了一种痼疾，不独将来不能替国家社会做事，而且自己及全家庭都受苦痛。这件事我交给思顺替我监督着办，三个月后我定要一张医生诊断书看着才放心的。

……

以上十二月廿三日①

　　你来信说武梁祠堂②，那不过是美术史上重要资料罢了。建筑上像不会看出什么旧型，你着手研究后所得如何？只怕失望罢。

---

① 十二月廿三日：似为梁启超误书，据信件内容考证，应在十一月。

② 武梁祠堂：位于山东嘉祥，始建于东汉，以石刻画像知名，是研究汉代雕刻与美术的重要遗址。

若亲到嘉祥县去实地用科学方法调查废址，也许有所得。

以上仍是廿三日

你们回国后职业问题大不容易解决，现在那里有人敢修房子呢？学校教授也非易，全国学校除北京外，几乎都关门了，但没法之中也许还是在当教书匠上想法，那么教的什么东西，不能不稍预备，我想你们在西洋美术史上多下一点工夫，何如？

我想你们这一辈青年，恐怕要有十来年——或者更长，要挨极艰难困苦的境遇，过此以往却不是无事业可做，但要看你对付得过这十几二十年风浪不能。你们现在就要有这种彻底觉悟，把自己的身体和精神十二分注意锻炼、修养，预备着将来历受孟子所谓"苦其心志，劳其筋骨，饿其体肤，空乏其身，行拂乱其所为"者，我对于思成身子常常放心不下，就是为此。

以上仍廿三晚写，写到此被王姨捉去了

【解析】

梁启超收到了思成的长信，虽然思成信中表现得状态非常好，但父亲还是敏锐地从"到哈佛后已不头痛"一句中发现儿子露出的"马脚"，确认自己对思成身体的担忧，并不是神经过敏。他下了"命令"，让长女思顺监督思成，让思成去体检，这样他才放心。他告诉思成，要是年纪轻轻而身体出了难以治愈的毛病，不要说报效国家，只怕自己和家人都要因健康问题痛苦。他一直关注孩子们的体魄，因为好的体魄才能更好地承载精神。当然，思成恢复了活泼的状态，这一点让他很欣喜。梁启超生在春天，也喜欢"春气"这个词——春天的气象，万物萌动，欣欣向荣。在1920年3月25日给思顺的家书里他也提到过"春气"，看着思成他们大一点儿的孩子逐渐好学，小一点儿的孩子也日渐可爱，"家庭中春气盎然"，梁启超欣喜极了。

梁启超那么"过敏"地担忧思成的身体，是因为他觉得，思成这一代青年，会经历长时间的磨难，但困苦过后，"却不是无事业可做"，关键要看这十几二十年的时间如何利用。他要儿子现在就做好准备，锻炼身体、养护精神。就像孟子说的，"苦其心志，劳其筋骨，饿其体肤，空乏其身，行拂乱其所为"，要在苦难来临之前预先做好准备，不怨天尤人，不自暴自弃，始终保持向上的精神。在20世纪30年代，梁思成与林徽因等人走遍中国二百多个县，实地测绘二千多处古建筑遗存。抗日战争时期，思成和徽因辗转千里，来到昆明，后来又到四川李庄。此时的思成常常受病痛折磨，而徽因在艰苦的环境中肺病复发，身体日渐虚弱。即使贫病交加，他们仍然坚持工作，并对想援助他们赴美的美国友人费正清、费慰梅夫妇表示："我们的祖国正在灾难中，我们不能离开她，假如我们必须死在刺刀或炸弹下，我们要死在祖国的土地上。"

健康的身体是为磨砺精神做的准备，正是清醒又达观的父亲，造就了梁思成这样的大师吧。

1935 年，梁思成、林徽因于北平天坛祈年殿顶合影

第五章

爱与家庭

导　读

梁思宁（后左）、梁思懿（后右）、梁思礼（前）合影

　　梁启超是重情感的人。对亲爱的孩子们，他毫不掩饰感情的流露，也不摆大家长的架子。当他想让孩子们多给自己来信说说心里话，就坦诚表示"你们须知你爹爹是最富于情感的人，对于你们的感情，十二分热烈"。孩子们在他的信里是连串的珍宝，思顺叫作"大宝贝"，思庄是"小宝贝"，思成、思永"不甚宝贝"，思懿有外号叫"司马懿"，思礼叫"老白鼻"，他一团烂漫地和孩子们打成一片，就像他对思庄说的："做人带几分孩子气，原是好的。"

　　梁启超的文章，被称作"笔尖常带情感"，我们在这里选择的书信，是他的文字中情感最为真切的，可以触摸到生活质感。前面的书信中，不管主题在讲什么，我们都可以看到，梁启超在字里行间倾吐着对家人真切的关心与爱护。在这一部分，我们把目光投向这个大家庭所经历的关键时刻，在一封封漂洋过海的家书中，这个近代史上的"著名家庭"，携手度过人生中重要的时光。

这部分家书中，最核心的内容，是三次重要的送别。《论语·学而》有这样一句话："**慎终追远，民德归厚矣**。"严肃地对待人生的终点，追思怀念远去的先辈，有助于培养人的深厚的德行。为什么呢？一个新家庭的建立，可以说是创造新生命的原点，有很长的路要走；而生命的终点则使人产生肃穆的情感，思考人生的意义。我们需要"生命教育"，也需要"死亡教育"。给每个人的归程打上标记，这是家庭中重要的仪式感。

第一次送别，在1916年护国战争期间。为了争取两广地区的军事支持，梁启超历经艰险，奔波于两广之间，或许军务繁忙，或许也怕连累家人，他并没有回新会家乡看望家人，也没有去香港拜见定居在那里的父亲，可谓"三过家门而不入"。到了5月局势已定，他才得到父亲去世的讣告，伤痛难以自抑，辞去一切公职。我们这里选了一封信，是形势最危急的时候，梁启超偷渡越南，化名潜伏在越南农庄中，给父亲报平安的家书。此时二弟启勋在香港主持父亲的丧事，梁启超一路上给父亲的信，都寄到了启勋那里。梁启勋每次看到，都泪如雨下，只好找了信封收藏起来，这些信就这样保存下来。从军路上，每一封信都写得十分简短，但真挚的感情，不在于语言的短长。

后两次送别，都在1925年。这一年似乎注定在离别的气氛中度过。1923年5月，梁思成遭遇车祸，休养一年，推迟了原定的留学计划。到了 1924 年，思成母亲李蕙仙的身体每况愈下，但她不愿意再耽误思成的学业，向儿子隐瞒了病情。思成与林徽因一同赴美，启程三个月后，李蕙仙去世。梁启超悲痛万分，派梁启勋花了一年多的时间营造墓园，才终于选定葬礼日期。葬礼前前后后，梁启超细细地向孩子们告知进展。1925 年，葬礼当天，他给在北美的孩子们写下一封严肃的信，讲述葬礼的情形，让孩子们感同身受，沉浸在为母亲送别的氛围里。墓园营造得极其用心，梁启超也不忘让孩子们向二叔郑重致谢。年底，林徽因的父亲林长民在政变中身亡。梁启超既是林长民多年的好友，又是儿女亲家，他又写下急信，告诫思成保持镇定，因为徽因"遭此惨痛，唯一的伴侣，唯一的安慰，就只靠你"。林家失去了顶梁柱，梁启超在信中一口应承下林徽因的学费，"只算我多一个女儿在外留学便了"，并鼓励徽因完成学业，为中国艺术界做出贡献，来纪念父亲。百般的爱护，千般的妥帖，都体现在书信的文字里。这两场变故，梁启超为每一个家庭成员，都做了无数考虑。

"死亡教育"之后，我们来谈"生命教育"。梁启超的很多书信，都有关孩子们小家庭的建立，他为孩子们的婚事操碎了心。**传统上夫妇关系被称为"人伦之始"，一切家庭关系都从这里开始。梁启超对此当然非常谨慎。**在安宁而阴雨的冬日，他给心爱的思顺东一句西一句写信，写着写着夸起自己的女婿来。思顺与希哲的婚姻是家中晚辈的第一件亲事，梁启超撮合他们成功，对此"得意得了不得"，觉得开了一个好头。他得意的第二件婚事，是文化史上说不尽的梁思成和林徽因的婚姻。梁启超挑中周希哲，是"慧眼识人"；挑中林徽因，则是"自然而然"。梁启超和林长民在民国初年是政治搭档。1919 年，林长民听到巴黎和会上的外交阴谋，写文章揭露丧权辱国的外交政策，成了五四运动的"点火人"。1924 年梁思成和林徽因一同留学，1928 年二人毕业，在思顺的主持下，到加拿大完婚。梁启超又给他们絮絮写信，为他们准备旅费，为二人在归国途中访欧参观提供保障；为他们谋划归国之后的前途，从学术路径考虑到职业选择。8 月，思成、徽因归来，与父亲团聚。梁启超悲喜交集，觉得尽到了应尽的责任。

其他的书信，则是**体现了家庭成员之间的互相关怀**。思顺在日本补习功课的时候，梁启超关心她的身体，一反常态，像个"封建大家长"一样，命令她多休息，"断不许"她辛苦劳累，要是她累病了，就要给她扣上"不孝"的大帽子。思成和思永遇到车祸，兄弟之间真挚的关切，充满了青春的手足情谊。思顺生下孩子，梁启超给孩子取名，送出珍贵的头一封"利是"。此时的梁启超，正走到生命中最后一段时光，但他在信里，不停劝慰思顺对自己的健康"放下一千万个心"。在这些娓娓道来的书信里，我们随着梁启超的眼睛，看到波澜壮阔的时代里人们的悲欢离合。也让我们就这样跟着他寻觅一些感触，来思考如何面对人生中最亲密的关系，如何学会真诚地去爱最重要的人。

致梁思顺书，1912年12月16日

十四、十五号禀均收。

吾前为汝计学科①，竟忘却财政学，可笑之至。且法学一面亦诚不欲太简略（国际法实须一学）②，似此非再延数月不可，每来复十四小时大不可（来复日必须休息，且须多游戏运动），吾决不许汝如此（可与诸师商，每来复最多勿过十时。因自修尚费多时也，可述吾意告之，必须听言，切勿着急）。从前在大同学校以功课多致病③，吾至今犹以为戚④，万不容再蹈覆辙。吾在此已习安⑤，绝无不便。汝叔沪行亦未定（此事须俟荷丈一到沪乃定），即行后吾亦能自了⑥。得汝成学，吾愿大慰，诸师既如此相厚，尤不可负，且归后决无从得此良师。

（第一纸可出示诸师。）

今但当以汝卒业为度⑦，不必计此。间请商诸师，若能

①计学科：规划学习科目。
②诚不欲：确实不想。
③大同学校：日本东京高等大同学校，培养中国留日学生的教育机构。1899年梁启超募款创办，自任校长。
④犹以为戚：仍然感到悲伤。
⑤习安：习惯安定。
⑥自了：自己完成。
⑦卒业：毕业。

缩短数月固佳，否则径如前议，至明年九月亦无不可（一言蔽之，则归期以诸师之意定之）。汝必须顺承我意，若因欲速以致病，是大不孝也。汝须知汝乃吾之命根，吾断不许汝病也。

……

示娴儿。

十六夕

【解析】

说到父母对子女的爱，可以分为很多种，有为身体健康考虑的，有为心情愉快考虑的，有为未来发展考虑的……梁启超对孩子们的爱，就包括了父母之爱的几个层次。1912 年，梁启超回国，最放心不下的是留在日本的思顺。思顺是他的第一个孩子，也是他的知己。

他很关心思顺的学业，为她定下实用的社会科学课程，对她在社会上的发展有着很多期许。他笑自己仔细谋划，居然落下了财政学这样重要的学科。他建议思顺法学最好学得细致一点儿，国际法也要有所了解。但他更关心思顺的身体健康，如果要细致地学习法学，那么以平时的进度就无法按预期时间完成，要延长几个月。梁启超认为，欲速则不达，就算不能按时毕业，也不过是几个月的时间，比起身体的损伤，这是一件小事。以前思顺在大同学校念书时，就曾经因为太过刻苦生了病。他心疼女儿，而且从学习规律来说，不能一味地赶进度，也需要留出时间去消化复习。他规定思顺的学时，法学每周十四学时有些多，十学时应该足够；周日必须休息，平时还要做游戏、运动，舒缓精神，强健身体。他怕女儿反过来担心自己，一再说自己已经习惯国内的生活，诸事皆可自理。顶顶要紧的，还是思顺。

梁启超反复地说，思顺是他的命根，他"不许"思顺生病。他所有的关切，都是要将女儿培养成一个健全的、对社会对家庭有益的人。身体是学业事业的基础，会休息才会工作。梁启超有意培养女儿理解自己的政治理念，而最重要的，是他那真诚爱护女儿、希望女儿健康成长的心意。

致父亲书，1916年3月18日

父亲大人膝下^①，敬禀者：

　　儿现在海防，明日便入广西，应陆将军之招也^②。初八日过香港，因行踪须密，故不登岸。又虑大人惊扰，故不先禀告。今儿不久到广东矣，侍奉之日在即，谨先以数语报平安，借纾慈念^③。

　　肃此^④，敬请

福安。

　　　　　　　　　　　　儿宏叩禀　阳历三月十八日

【解析】

　　1916年3月18日，梁启超在越南。他扔掉护照，化名偷渡，打算经越南进入广西，劝说桂系军阀陆荣廷加入护国战争。他并没有如期待的那样，"明日便入广西"，而是潜伏在越南山中约十天，无人陪伴，水土不服，患病不起，事后回忆起来相当

---

① 膝下：与父母通信时的敬辞。
② 陆将军：陆荣廷（1859—1928），本名亚宋，字幹卿，广西武鸣人。桂系军阀，护国战争中参与讨袁。
③ 纾（shū）：缓解。慈念：慈爱的念头，指父亲对自己的思念。
④ 肃此：对尊长的敬语，表示恭敬地写这封信，放在祝颂语的前面。

后怕。

这封信是梁启超刚进入越南海关时写的，比起给孩子们的信，显得格外整齐严谨。流亡途中，只来得及写几句话报个平安，虽然短短几十字，前后都加敬语，写得恭恭敬敬。他把行程写上，让父亲知道自己一路顺利，前路都有计划。他向父亲报告来过香港，但因为保密，这次不去相见。他怕父亲担心自己，所以等到离开，才告诉父亲自己来过。他展望下一步，不久后将到广东，相聚的日子不会遥远，让父亲不要想念他。梁启超在信末的署名"宏"，出自他的乳名"宏猷"，他在父亲面前，也还是一个孩子。

但他不知道，父亲已经收不到这封信了。

致梁思顺书，1923年5月8日

宝贝思顺：

你看见今日《晨报》，定要吓坏了。我现在极高兴的告诉你，我们借祖功宗德庇荫①，你所最爱的两位弟弟，昨日从阎王手里把性命争回。

我在西山住了差不多一个月，你是知道的，昨日是你二叔生日，又是五七国耻纪念②，学生示威游行，那三个淘气精都跟着我进城来了。约莫（午前）十一点时候，思成、思永同坐菲律宾带来的小汽车出门，正出南长街口，被一大汽车横撞过来，两个都碰倒在地。思永满面流血，飞跑回家，大家正在惊慌失色，他说快去救二哥罢，二哥碰坏了。

等到曹五将思成背到家来，脸上一点血色也没有（两个孩子真勇敢得可爱，思成受如此重伤，忍耐得住，还安慰我们；思永伤亦不轻，还拼命看护他的哥哥），眼睛也几乎定了。思忠看见两个哥哥如此，"呱"的一声哭起来，几乎晕死。我们那时候不知伤在何处，眼看着更无指望，勉

---

① 祖功宗德：出自《孔子家语·庙制》："古者祖有功而宗有德，谓之祖宗者，其庙皆不毁。"庇（bì）荫：比喻尊长照顾或祖宗保佑。

② 五七国耻纪念：1915年5月7日，日本胁迫中国政府接受丧权辱国的"二十一条"，全国掀起声势浩大的反日爱国运动。因此5月7日被定为"国耻纪念日"。

强把心镇定了，赶紧请医生。你三姑丈和七叔乘汽车去（幸我有借来汽车在门），差不多一点钟才把医生捉来。出事后约摸二十多分钟，思成渐渐回转过来了，血色也有了。我去拉他的手，他使劲握着我不放，抱着亲我的脸，说道："爹爹啊，你的不孝顺儿子，爹爹妈妈还没有完全把这身体交给我，我便把他毁坏了，你别要想我罢。"（又说：）"千万不可告诉妈妈。"又说："姐姐在那里，我怎样能见他？"我那时候心真碎了，只得勉强说："不要紧，不许着急。"但我看见他脸色回转过来，实在亦已经放心许多。我心里想，只要拾回性命，便残废也甘心。后来医生到了，全身检视一番，腹部以上丝毫无伤，只是左腿断了，随即将装载病人的汽车装来，送往医院。

初时大家忙着（招呼）思成，不甚留心思永何如。思永自己说没有伤，跟着看护他哥哥。后来思永也睡倒了，我们又担心他不知伤着那里，把他一齐送到医院检查。啊啊！真谢天谢地，也是腹部以上一点［伤］没有①，不过把嘴唇碰裂了一块（腿上亦微伤），不能吃东西。

现在两兄弟都在协和医院同居一房，思永一个礼拜可以出院，思成约要八个礼拜。但思成也不须用手术（不须割），因为骨并未碎，只要扎紧，自会复原。今朝我同你二叔、三姑、七叔去看他们，他们哥儿俩已经说说笑笑，又淘气到了不得了。

昨天中饭是你姑丈和三姑合请你二叔寿酒，晚上是我

---

① 伤：此字原信无，今据前后文加。

请，中饭全家都没有吃，晚饭我们却放心畅饮压惊了。我怕你妈妈着急发病，昨日一日瞒着没有报告，今朝我从医院出来，写了一封快信，又叫那两个淘气精各写一封去，大约你妈妈明天早车也要来看他们了。内中还把一个徽音也急死了，也饿着守了大半天（林家全家也跟着我们饿），如今大家都欢喜了……

我们今天去踏查他们遇险的地方，只离一寸多，便是几块大石头，若碰着头部真是万无生理。我们今天在六部口经过，见一个死尸横陈，就是昨天下午汽车碰坏的人，至今还没殡殓，想起来真惊心动魄。

今年正月初二，我一出门遇着那么一个大险，这回更险万倍，到底皆逢凶化吉，履险如夷，真是徽天之幸①。我本来不打算告诉你，因为《晨报》将情形登出，怕你一见吓倒，所以详细写这封信……

爹爹　阳历五月八日　旧历三月廿三日

【解析】

1923 年 5 月 7 日，思成、思永参加"二十一条国耻日"纪念活动，在南长街路口被军阀金永炎的汽车撞伤。本来梁启超并不想让思顺担心，但媒体凑了热闹，《晨报》刊出了这一消息，梁启超为了安抚思顺，写信详细讲了这件事，报告思成、思永的平安。梁启超和家人第二天去看车祸现场，离开一寸远

---

① 徽（jiǎo）天之幸：由于偶然的原因意外地受到上天的宠幸，获得成功或免去了灾祸。

就是几块大石头，磕到头"万无生理"，他们还看到了因车祸去世的路人，十分后怕。肇事车主金永炎是陆军次长，也是总统黎元洪的亲信，骄横跋扈，撞人后扬长而去，更没有到医院看望受害者。李蕙仙气愤至极，闯进总统府见黎元洪，要求责罚金永炎。舆论也是一片谴责之声，金永炎这才来道歉。当时的大环境可见一斑。

两个少年出事之后一心挂念家人。思永满脸鲜血飞奔回家找人救哥哥，思成重伤之中，还在安抚父亲，又怕惊动病中的母亲，还念着远方的姐姐。家人之间感情深厚，这是梁启超在这件事故中最欣慰的地方。思成和思永还是少年习性，不久又开始活泼起来。梁启超后来给思顺写信说，思永没有大伤，只是嘴唇受伤了，不能吃东西，思成便大嚼大啖去气他；思成腿部受伤，不能行动，思永便大跳大舞去气他。梁启超在病房外面看到这一幕，一颗心也就放了下来。

致梁思顺书，1923年11月5日

宝贝思顺：

　　昨天松坡图书馆成立（馆在北海快雪堂，地方好极了，你还不知道呢，我每来复四日住清华，三日住城里，入城即住馆中），热闹了一天。今天我一个人独住在馆里，天阴雨，我读了一天的书，晚间独酌醉了（好孩子别要着急，我并［没］有怎么醉，酒亦不是常常多吃的）①，书也不读了，找我最爱的孩子谈谈罢。

　　谈什么呢，想不起来了。哦，想起来了。

　　你报告希哲在那边商民爱戴的情形，令我喜欢得了不得。我常想，一个人要用其所长（人才经济主义）。希哲若在国内混沌社会里头混，便一点看不出本领，当领事真是模范领事了。我常说天下事业无所谓大小（士大夫救济天下和农夫善治其十亩之田，所成就一样），只要在自己责任内，尽自己力量做去，便是第一等人物。希哲这样勤勤恳恳做他本分的事，便是天地间堂堂地一个人，我实在喜欢他。

　　……

　　我对于你们的婚姻，得意得了不得，我觉得我的方法

---

① 没：此字原信无，今据前后文加。

好极了。由我留心观察看定一个人，给你们介绍，最后的决定在你们自己，我想这真是理想的婚姻制度。好孩子，你想希哲如何，老夫眼力不错罢。徽音又是我第二回的成功。我希望往后你弟弟妹妹们个个都如此。我希望普天下的婚姻都像我们家孩子一样（这是父母对于儿女最后的责任）。唉，但也太费心力了。像你这样有恁么多弟弟妹妹，老年心血都会被你们绞尽了，你们两个大的我所尽力总算成功，但也是各人缘法侥幸碰着，如何能确有把握呢？好孩子，你说我往后还是少管你们闲事好呀，还是多操心呢？

　　……

　　我本来答应过庄庄，明年暑假绝对不讲演，带着你们顽一个夏天。但前几天我已经答应中国公学暑期学校讲一月了（他们苦苦要我，我耳朵软，答应了）①。

　　我明春要到陕西讲演一个月，你回来的时候还不知我在家不呢。

　　酒醒了，不谈了。

　　　　耶告（这两个字是王右军给他儿女信札的署名法）②

　　　　　　　　　　　　　　　　十一月五日

【解析】

　　写这封信的时候，梁思顺已到而立之年，但她永远是父亲眼中的"宝贝思顺"。在家书中，梁启超把女儿当作最好的倾听者，无论大事小事、顺利失意，都要与女儿分享。

---

① 要：邀请。
② 耶：同"爷"，指父亲。王右军：王羲之（303—361），字逸少，琅邪临沂（今属山东）人。东晋书法家。官至右军将军、会稽内史，所以后世称他为"王右军"。

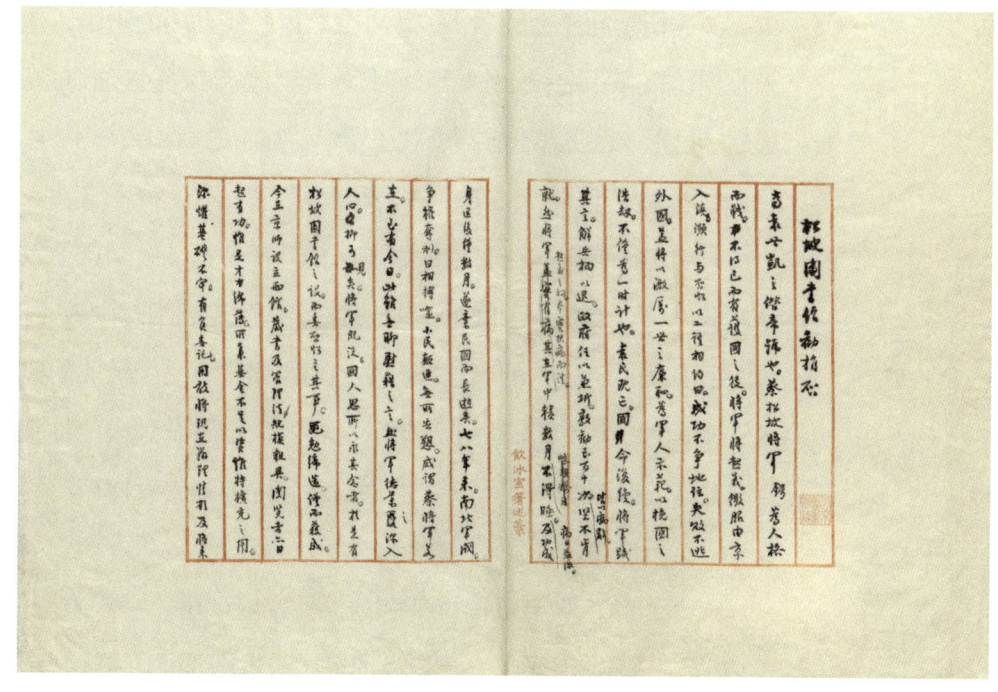

梁启超《松坡图书
馆劝捐启》手稿

　　梁启超念念不忘的松坡图书馆，在写信前一天终于成立。"松坡"是蔡锷的字，梁启超筹建图书馆来纪念这位得意门生。快雪堂在北京北海公园里，因乾隆皇帝在这里收藏了书圣王羲之的名作《快雪时晴帖》而得名。堂后设蔡公祠，陈列着蔡锷的军服、军刀、望远镜等遗物。这年梁启超在清华学校由代课转为任教，此后每周在清华学校住四天，在图书馆住三天，在馆中发奋写作，生前一直为图书馆募集资金。

　　而这一封家书中，最重要的内容，是关于子女婚姻的看法。梁启超曾写过《禁早婚议》一文。他指出，婚姻在社会关系中是第一位的，倡导优婚优育的观念。思顺的丈夫周希哲是马来西亚华侨，家境贫寒，做海员谋生，因为拥护维新变法，得到去日、美留学的机会，后来成为外交官。政局动荡的时候，他为梁启超东奔西走；政局平稳的时候，他为整个家庭打理财务。思成、思永、思庄、思忠四个孩子留学，都由思顺和希哲引导、照顾。两人于1914年结婚，在当时已算晚婚了。

梁启超很得意撮合了这件婚事，他夸赞希哲"勤勤恳恳做他本分的事，便是天地间堂堂地一个人"。梁启超常爱讲敬业，因为敬业能见一个人的责任心。梁启超觉得希哲是个敬业的典范：一是他做事不计较大小高低，从小船员一路做到模范外交官；二是觉得他能用其所长，能用最适宜的方式去发挥自己的长处，为社会做出贡献。

夜深人静，梁启超拉拉杂杂地谈着家庭琐事，平实亲切。一边为孩子的婚事操心，一边又怕费尽心思却管了闲事；一边发愿陪孩子玩耍，一边又放不下社会事业。也许因为爱好书法，他信末署名还特地模仿了王羲之的落款。

致孩子们书，1925年9月13日

孩子们：

　　前日得思成八月十三日、思永十二日信，今日得思顺八月四日及十二日两信，庄庄给忠忠的信也同时到。成、永此时想已回美了，我狠着急，不知永去得成去不成，等下次信就揭晓了。

　　……

　　葬期距今仅有二十天了。你二叔在山上住了将近一月，以后还须住一月有奇①，住在一个小馆子内，菜也吃不得，每天跑三十里路，大烈日里在坟上监工。从明天起搬往香山见心斋住（稍为舒服点）②，但离坟更远，跑路更多了。这等事本来是成、永们该做的，现在都在远，忠忠又为校课所迫，不能效一点劳，倘若没有这位慈爱的叔叔，真不知如何办得下去。我打算到下葬后，叫忠忠们向二叔磕几头叩谢。你们虽在远，也要各各写一封信，恳切陈谢（庄庄

---

① 有奇（jī）：有零头。
② 见心斋：位于北京香山公园内，建于明嘉靖年间，是为数不多未遭八国联军破坏的香山建筑。

也该写）①,谅来成、永写信给二叔更少。这种子弟之礼②,是
要常常在意的，才算我们家的乖孩子。

……

九月十三日　爹爹

【解析】

孩子们留学去了，梁启超日常的信件里始终关心着他们的
身体、学业与感情，而这一封信，小小地提了点要求：让孩子
们给二叔梁启勋写信致谢。

为什么呢？ 1924 年，梁启超的夫人李蕙仙去世。经过长
久地停灵，梁启超准备好精心修造的墓园，写这封信后不久将
为她举行葬礼。思成他们不在身边，家务事都由梁启勋料理。
因为梁启超百年之后也会葬在这里，启勋格外用心，每天在香
山墓园跑上跑下，甚至发明了不少新方法，"建筑专门家或者
还有些地方要请教他哩"。距离葬礼仅有二十天，梁启勋在山
上住了将近一个月，每天在炎炎烈日下跑三十里地监工，吃住
都很简单，而且还要再这样辛苦一个多月。梁启超说，这本来
是儿子们该做的，可惜思成、思永在外求学，而思忠的功课又
紧张，如果没有叔叔帮忙，葬礼还不知道该怎么办呢。梁启超
感念弟弟的辛苦，于是要求孩子们给叔叔写信道谢。远方的思
成、思永要各自去信，这表示谢意出自每个人的内心。留在身
边的思忠，作为梁家孩子的代表，要在葬礼现场向二叔叩谢。

---

① 陈谢：表示谢意。
② 子弟之礼：晚辈的礼节。

这么做一方面是增进家庭成员间的感情；另一方面是教育孩子们要有做晚辈的礼节，兼顾了感情和伦理。他还叫上思庄和哥哥们一起写信，一改传统习俗中的儿女有别，这体现了新旧变革时期梁启超家庭的开明和进步。

致梁思顺、梁思成、梁思永、梁思庄书，1925年10月3日

爱儿思顺、思成、思永、思庄：

葬礼已于今日（十月三日，即旧历八月十六日）上午七点半钟起至十二点钟止，在哀痛庄严中完成了。

葬前在广惠寺作佛事三日。昨晨八点钟行周年祭礼，九点钟行移灵告祭礼，九点二十分发引，从两位舅父及姑丈起，亲友五六十人陪我同送到西便门（步行），时已十一点十分（沿途有警察照料），我们先返，忠忠、达达扶柩赴墓次。二叔先在山上预备迎迓(二叔已经半月未下山了)①。我回清华稍憩，三点半钟带同王姨、懿、宁、礼赴墓次。直至日落时忠等方奉柩抵山。我们在甘露旅馆一宿，思忠守灵，小六、煜生陪他一夜。有警察四人值夜逻巡，还有工人十人告奋勇随同陪守。

今晨七点三十五分移灵入圹②。从此之后，你妈妈真音容永绝了。全家哀号，悲恋不能自胜，尤其是王姨，去年产后，共劝他节哀，今天尽情一哭，也稍抒积痛。三姑也得尽情了。最可怜思成、思永，到底不能够凭棺一恸。人

---

① 迎迓（yà）：迎接。
② 圹（kuàng）：墓穴。

事所限，无可如何，你们只好守着遗像，永远哀思罢了。我的深痛极恸，今在祭文上发泄，你们读了便知我这几日间如何情绪。下午三点钟我回到清华。现在虽余哀未忘，思宁、思礼们已嬉笑杂作了。唐人诗云："纸灰飞作白蝴蝶，血泪染成红杜鹃。日落狐狸眠冢上，夜归儿女笑灯前。"[1] 真能写出我此时实感。

昨日天气阴霾，正狠担心今日下雨，凌晨起来，红日杲杲[2]，始升葬时，天无片云，真算大幸。

此次葬礼并未多通告亲友，然而会葬者竟多至百五六十人。各人皆黎明从城里乘汽车远来，汽车把卧佛寺前大路都挤满了。祭席共收四十余桌，送到山上的且有六桌之多，盛情真可感。

你们二叔的勤劳，真是再没有别人能学到了。他在山上住了将近两个月，中间仅入城三次，都是或一宿而返，或当日即返，内中还开过六日夜工，他便半夜才回寓。他连椅子也不带一张去，终日就在墓次东走走西走走。因为有多方面工程，他一处都不能放松。他最注意的是圹内工程，真是一砖一石，都经过目，用过心了。我窥他的意思，不但为妈妈，因为这也是我的千年安宅，他怕你们少不更事，弄得不好，所以他趁他精力尚壮，对于他的哥哥尽这一番心。但是你们对于这样的叔叔，不知如何孝敬，才算报答哩。今天葬礼完后，我叫忠忠、达达向二叔深深行一个礼，谢

---

[1] "纸灰飞作白蝴蝶"四句：似出自南宋诗人高翥（zhù）《清明日对酒》："纸灰飞作白蝴蝶，泪血染成红杜鹃。日落狐狸眠冢上，夜归儿女笑灯前。"
[2] 杲杲（gǎogǎo）：（太阳）很明亮的样子。

谢二叔替你们姐弟担任这一件大事。你们还要每人各写一封信叩谢才好。

……

工程坚美而价廉，亲友参观者无不赞叹。盖因二叔事事考究，样样在行，工人不能欺他，他又待工人有恩礼，个个都感激他，乐意出力。他说从前听见罗素说①：中国穿短衣服的农人、工人，个个都有极美的人生观。他前次不懂这句话怎么解，现在懂得了。他说，住在都市的人都是天性已漓②。他这两个月和工人打伙，打得滚热，才懂得中国的真国民性。我想二叔这话狠含至理，但非其人，也遇着看不出罢了。

二叔说他这两个月用他的科学智识和工人的经验合并起来，新发明的东西不少，建筑专门家或者还有些地方要请教他哩。思成你写信给二叔，不妨提提这些话，令他高兴。二叔当你妈妈病时，对于你狠有点呕气③，现在不知气消完了没有。你要趁这机会，大大的亲热一下，令他知道你天性未漓，心里也痛快。你无论功课如何忙，总要写封较长而极恳切的信给二叔才好。

我的祭文也算我一生好文章之一了。情感之文极难工，非到情感剧烈到沸点时，不能表现他（文章）的生命，但到沸点时又往往不能作文。即如去年初遭丧时，我便一个

---

① 罗素（Bertrand Russell, 1872—1970）：英国哲学家、数学家。梁启超创办讲学社，曾邀请其来华演讲。
② 漓：薄，浇漓，刻薄。
③ 呕气：怄气。

字也写不出来。这篇祭文，我做了一天，慢慢吟哦改削，又经两天才完成。虽然还有改削的余地，但大体已狠好了。其中有几段，音节也极美，你们姊弟和徽音都不妨熟诵，可以增长性情。

昨天得到你们五个人的杂碎信，令我于悲哀之中得无限欢慰。但这封信完全讲的葬事，别的话下次再说罢。我也劳碌了三天，该早点休息了。

【解析】

这封信中，梁启超向大洋彼岸的孩子们报告李蕙仙的葬礼。为了表达对妻子的怀念，他不提其他杂事，整封信只讲葬礼，让孩子们沉浸于肃穆的哀思。

《晨报》纪念增刊登过梁启超一篇文章《苦痛中的小玩意

梁启超与李蕙仙墓

儿》，这篇文章是梁启超照顾病重妻子的记录，也是妻子去世之后悲痛中的排遣。他说：

> 我的夫人从灯节起，卧病半年，到中秋日，奄然化去。他的病极人间未有之苦痛，自初发时，医生便已宣告不治。半年以来，耳所触的只有病人的呻吟，目所接的只有儿女的涕泪……哎！哀乐之感，凡在有情，其谁能免。平日意态活泼兴会淋漓的我，这会也嗒然气尽了。

梁启超在信中提到的祭文，即《亡妻李夫人葬毕告墓文》，历述结婚以来，李蕙仙对他的支持与帮助："我德有阙，君实匡之；我生多难，君扶将之；我有疑事，君权君商；我有赏心，君写君藏；我有幽忧，君噢使康；我劳于外，君煦使忘；我唱君和，我揄君扬。今我失君，只影彷徨！"他觉得这篇文章凝聚了他的情感，特地寄给孩子们，也让孩子们万里之外，情同此心。

致梁思成书，1925年12月27日

　　今天报纸上传出可怕的消息，我不忍告诉你，又不能不告诉你，你要十二分镇定着，看这封信和报纸。

　　我们总还希望这消息是不确的，我见报后，立刻叫王姨入京，到林家探听，且切实安慰徽音的娘，过一两点他回来，或者有别的较好消息也不定。

　　林叔叔这一年来的行动①，实亦有些反常，向来狠信我的话，不知何故，一年来我屡次忠告，他都不采纳。我真是一年到头替他捏着一把汗，最后这一着真是更出我意外。他事前若和我商量，我定要尽我的力量扣马而谏②，无论如何决不让他往这条路上走。他一声不响，直到走了过后第二日，我才在报纸上知道，第三日才有人传一句口信给我，说他此行是以进为退，请我放心。其实我听见这消息，真是十倍百倍的替他提心吊胆，如何放心得下。当时我写信给你和徽音，报告他平安出京，一面我盼望在报纸上得着他脱离虎口的消息，但此虎口之不易脱离，是看得见的。

　　前事不必提了，我现在总还存万一的希冀，他能在乱

① 林叔叔：林长民（1876—1925），原名则泽，字宗孟，福建闽侯人。在北洋政府中任司法总长等职。林徽因之父。
② 扣马而谏：牵住马笼头不放，比喻极力劝阻前行。

军中逃命出来。万一这种希望得不着,我有些话切实嘱咐你。

第一,你要自己十分镇静,不可因刺激太剧,致伤自己的身体。因为一年以来,我对于你的身体,始终没有放心,直到你到阿图和后,姊姊来信,我才算没有什么挂虑。现在又要挂虑起来了,你不要令万里外的老父为着你寝食不宁,这是第一层。徽音遭此惨痛,唯一的伴侣,唯一的安慰,就只靠你。你要自己镇静着,才能安慰他,这是第二层。

第二,这种消息,谅来瞒不过徽音。万一不幸,消息若确,我也无法用别的话解劝他,但你可以传我的话告诉他:我和林叔叔的关系,他是知道的,林叔的女儿,就是我的女儿,何况更加以你们两个的关系。我从今以后,把他和思庄一样的看待他,在无可慰藉之中,我愿意他领受我这种十二分的同情,渡过他目前的苦境。他要鼓起勇气,发挥他的天才,完成他的学问,将来和你共同努力,替中国艺术界有点贡献,才不愧为林叔叔的好孩子。这些话你要用尽你的力量来开解他。

人之生也,与忧患俱来,知其无可奈何,而安之若命。你们都知道我是感情最强烈的人,但经过若干时候之后,总能拿出理性来镇住他,所以我不致受感情牵动,糟蹋我的身子,妨害我的事业。这一点你们虽然不容易学到,但不可不努力学学。

徽音留学总要以和你同时归国为度。学费不成问题,只算我多一个女儿在外留学便了,你们更不必因此着急。

【解析】

1925 年底，林长民死于奉系军阀的内部火并。此时林徽因正在美国读书。梁启超曾说过，经父母介绍、儿女决定的婚姻最为和谐，女婿周希哲、儿媳林徽因都是自己非常满意的选择。此时梁思成、林徽因尚未完婚，而林家陡然失去顶梁柱，梁启超能为老友做的，就是继续支持林徽因的学业。梁启超重视教育，他要将林徽因看作自己的女儿，便要给予她最重要的帮助——支持她读书成才。他说到做到。林长民的去世成了新闻，消息沸沸扬扬，思成和徽因随时都会听闻。梁启超又第一时间写下这封信，让思成稳住自己，支持徽因；又安慰徽因，要她鼓起勇气，把情绪和心力转移到事业的奋进之中。

梁启超用自己作为例子，安慰徽因和思成。他说，"人之生也，与忧患俱来，知其无可奈何，而安之若命"，这可能是《庄子》中两句名言的融合。《庄子》中有一篇《人间世》说"知其不可奈何，而安之若命"，另一篇《至乐》又说"人之生也，与忧俱生"。梁启超是感情强烈的人，人生难免忧患，波折的人生让他认识到，要发挥理性来引导自己的感情，不至于"糟蹋我的身子，妨害我的事业"。他在信中郑重地告诉儿子理性的重要性与感情的责任，这同样是一位有识见的慈父的教诲。

致孩子们书，1926年2月16、18日

孩子们：

我从昨天起被关在医院里了。看这神气，三两天内还不能出院，因为医生还没有找出病源来。我精神奕奕，毫无所苦。医生劝令多仰卧，不许用心，真闷杀人。

以上正月初四写

入医院今已第四日了，医生说是膀胱中长一疙瘩，用折光镜从溺道中插入检查，颇痛苦（但我对此说颇怀疑，因此病已阅半年，小便从无苦痛，不似膀胱中有病也）。已照过两次，尚未检出，检出后或须用手术。现已电唐天如速来①。但道路梗塞，非半月后不能到。我意非万不得已不用手术，因用麻药后，体子总不免吃亏也。

阳历新年前后，顺、庄各信次第收到②。庄庄成绩如此，我狠满足了。因为你原是提高一年，和那按级递升的洋孩子们竞争，能在三十七人考到第十六，真亏你了。好乖乖，不必着急，只须用相当的努力便好了。

寄过两回钱，共一千五百元，想已收。日内打算再汇

①　唐天如（1877—1961）：字恩溥，广东新会人。精通医学，曾任香港红十字会会长。
②　次第：依次。

二千元。大约思成和庄庄本年费用总够了。思永转学后谅来总须补助些，需用多少，即告我。徽音本年需若干，亦告我，当一齐筹来。

庄庄该用的钱就用，不必太过节省。爹爹是知道你不会乱花钱的，再不会因为你用钱多生气的。思成饮食上尤不可太刻苦。前几天见着君劢的弟弟，他说思成像是滋养品不够，脸色狠憔悴。你知道爹爹常常记挂你，这一点你要令爹爹安慰才好。

徽音怎么样？我前月有狠长的信去开解他，我盼望他能领会我的意思。"人之生也，与忧患俱来，知其无可奈何，而安之若命"，是立身第一要诀。思成、徽音性情皆近狷急①，我深怕他们受此刺激后，于身体上、精神上皆生不良的影响。他们总要努力镇摄自己②，免令老人耽心才好③。

我这回的病总是太大意了，若是早点医治，总不至如此麻烦。但病总是不要紧的，这信到时，大概当已全愈了。但在学堂里总须放三两个月假，觉得有点对不住学生们罢了。

前几天在城里过年，狠热闹，我把南长街满屋子都贴起春联来了。

⋯⋯

二月十八日　爹爹　德国医院三十四号

---

① 狷（juàn）急：急躁，对事情不能容忍。
② 镇摄：统摄，镇定，集中使不分散。
③ 耽心：担心。

【解析】

　　写这封信时，梁启超住在医院里，简单介绍了自己的病情，大部分篇幅还是和孩子们谈心。

　　班里有三十七个学生，思庄考试排名第十六，家长会不会着急呢？梁启超不会。思庄的名次不算高，但梁启超深知她的性格，不但劝慰，还劝慰得很有道理：你是提前一年的学生，又是以外语和他人母语竞争，考到这样我已经很满意了，千万不要着急，保持努力就好。这同他以前给孩子们说的"但问果能用功与否"是一样的要求。

　　他给孩子们寄去学费、生活费，强调思庄不要太过节省，思成需要注意身体，身体不好，父亲是要担心的。而他同样关心的，是林徽因。林长民去世后，徽因一度想中断学业回国，梁启超以福建形势混乱为理由，劝她放下这个想法。她还曾计划打工一年，梁启超也劝她以学业为重，不用担心学费。到1927年时，孩子们的学费已然有些窘迫，北洋政府开不出周希哲作为领事的工资，梁启超把自己的现金都汇给希哲，让他们夫妇来打理，做一些投资，用利息给弟弟妹妹作学费。对徽因的学费，梁启超又专门写信打包票："若专为学费问题——为徽音学费问题，那末，我本来预备三千元在这里，因为你们勉强支持得住，故留起作留欧之用，若要用时，只要来信我便寄去。"思成与徽因毕业回国，借这个机会旅行欧洲观摩建筑，正是用了这笔钱。

　　悲剧过去两个月，农历新年到来，林徽因的心稍微安定了一些。梁启超仍然在开解她，重复强调了"人之生也，与忧患俱来，知其无可奈何，而安之若命"。人活在世上一天，便与忧患并存一天。要清醒地认识到人的生命有限，把生活的折磨当作考验，才能获得成长。他说思成、徽因性情都有些急躁，太过急躁对身体、精神都有负面影响，建议他们学会引导自己的情绪。

信件谈到了梁启超的病。梁启超一面记挂孩子们，一面觉得停课对不住学生。无论在家里还是家外，他都是一个好老师。

致梁思成、林徽音书，
1928年4月26日

思成、徽音：

　　我将近两个月没有写"孩子们"的信了，今最可以告慰你们的，是我的体子静养极有进步，半月前入协和灌血并检查，灌血后红血球竟增至四百二十万，和平常健康人一样了。你们远游中得此消息，一定高兴百倍。

　　思成和你们姊姊报告结婚情形的信，都收到了，一家的冢嗣成此大礼①，老人欣悦情怀可想而知。尤其令我喜欢者，我以素来偏爱女孩之人，今又添了一位法律上的女儿，其可爱与我原有的女儿们相等，真是我全生涯中极愉快的一件事。

　　你们结婚后，我有两件新希望：头一件，你们俩体子都不甚好，希望因生理变化作用，在将来健康上开一新纪元；第二件，你们俩从前都有小孩子癖气②，爱吵嘴，现在完全成人了，希望全变成大人样子，处处互相体贴，造成终身和睦安乐的基础。这两种希望，我想总能达到的。近来成绩如何，我盼望在没有和你们见面之前，先得着满意的报告。

---

① 冢嗣：嫡长子。
② 癖气：脾气。

你们游历路程计画如何？预定约某月可以到家？归途从海道抑从陆路？想已有报告在途。若还未报告，则得此信时，务必立刻回信详叙，若走西伯利亚路，尤其要早些通知我，当托人在满洲里招呼你们入国境。

你们回来的职业，正在向各方面筹画进行（虽然未知你们自己打何主意），一是东北大学教授（东北为势最顺，但你们去也有许多不方便处。若你能得清华，徽音能得燕京，那是最好不过了），一是清华学校教授，成否皆未可知，思永当别有详函报告。另外还有一件"非职业的职业"——上海有一位大藏画家庞莱臣①，其家有（六朝）唐画十余轴，宋元画近千轴，明清名作不计其数，这位老先生六十多岁了，我想托人介绍你拜他门（已托叶葵初）②，当他几个月的义务书记，若办得到，倒是你学问前途一个大机会。你的意思如何？亦盼望到家以前先用信表示。

你们既已成学，组织新家庭，立刻须找职业，求自立，自是正办。但以现在时局之混乱，职业能否一定找着，也狠是问题。我的意思，一面尽人事去找，找得着当然最好，找不着也不妨，暂时随缘安分，徐待机会。若专为生计独立之一目的，勉强去就那不合式或不乐意的职业，以致或贬损人格，或引起精神上苦痛，倒不值得。一般毕业青年中大多数立刻要靠自己的劳作去养老亲，或抚育弟妹，不管什么职业得就便就，那是无法的事。你们算是天幸，不

①庞莱臣：庞元济（1864—1949），字莱臣，号虚斋，浙江南浔人。书画收藏家。
②叶葵初：叶景葵（1874—1949），字揆初，号卷盦，浙江杭州人。实业家、藏书家。

在这种境遇之下，纵令一时得不着职业，便在家里跟着我再当一两年学生（在别人或正是求之不得的），也没什么要紧。所差者，以徽音现在的境遇，该迎养他的娘娘才是正办，若你们未得职业上独立，这一点狠感困难。但现在觅业之艰，恐非你们意想所及料，所以我一面随时替你们打算，一面愿意你们先有这种觉悟，纵令回国一时未能得相当职业，也不必失望沮丧。失望沮丧是我们生命上最可怖之敌，我们须终身不许他侵入。

《中国宫室史》诚然是一件大事业，但据我看，一时狠难成功，因为古建筑什九被破坏，其有现存的，因兵乱影响，无从到内地实地调查，除了靠书本上资料外（书本上资料我有些可以供给你，尤其是从文字学上研究中国初民建筑，我有些少颇有趣的意见，可惜未能成片段，你将来或者因我所举的例，继续研究得有更好的成绩），只有北京一地可以着手（幸而北京资料不少，用科学的眼光整理出来，也狠够你费一两年工作）。所以我盼望你注意你的副产工作——即《中国美术史》。这项工作，我狠可以指导你一部分，还可以设法令你看见许多历代名家作品。我所能指导你的，是将各派别提出个纲领，及将各大作家之性行及其时代背景详细告诉你。名家作品家里头虽然藏得狠少（也有些佳品为别家所无），但现在故宫开放以及各私家所藏，我总可以设法令你得特别摩挲研究的机会①，这便是你比别人便宜的地方②。所以我盼望你在旅行中便做这项工作的预

---

① 摩挲（suō）：用手抚摩。
② 便宜：方便，便利。

备。所谓预备者，其一是多读欧人美术史的名著，以备采用他们的体例，关于这类书，认为必要时，不妨多买几部；其二是在欧洲各博物馆、各画苑中见有所藏中国作品，特别注意记录。

回来时立刻得有职业固好，不然便用一两年工夫，在著述上造出将来自己的学术地位，也是大佳事。

你来信总是太少了，老人爱怜儿女，在养病中以得你们的信为最大乐事。你在旅行中,尤盼将所历者随时告我(明信片也好)，以当卧游①，又极盼新得的女儿常有信给我。

四月廿六日　爹爹

【解析】

1924 年，梁思成和林徽因来到美国宾夕法尼亚大学学习建筑。1928 年，两人毕业结婚，即将归国，收到了父亲的这封来信。

经历了许多生死变故，梁启超自己的身体变得十分虚弱，所以他很关心子女的健康，细细叮嘱思成夫妇注意身体，维护家庭和睦。

展望未来，梁启超为孩子们谋划进一步的职业方向。年轻人离开校园进入社会,不免对前途有些茫然。年轻人没有经验，往往也不知道自己可以做什么，喜欢做什么。梁启超在这里展现出了一位父亲如海般的包容。他告诉思成，如果为了养活一

---

① 卧游：看山水画或游记来代替旅游。

家老小，不得不迅速就业，是不得已，但如果思成为不喜欢的工作低声下气，乃至引起精神上的痛苦，是不值得的。不过徽因失去父亲，需要奉养母亲，思成未来的职业选择，还是要替另一半考虑。除了就业，梁启超也愿意提供学术上的帮助，为思成寻找研究美术史、见识第一手资料的机会。

信的末尾，梁启超又如普通父亲一般，念叨着让孩子多写信。病中收到心爱的子女来信，是一个老人最大的安慰。其实梁启超这一年不过 55 岁，身体的伤痛让他更加珍惜与家人之间的感情。他不吝于表达爱意，渴望收到回应，这是心理健康的表现，不回避、不扭曲。或许正因为他作为父亲，敢于去爱家人，也希望家人爱自己，所以他才能对孩子们有着那么重要的切身影响。

1928 年 8 月，思成回来了，和徽因一起。梁启超寄往北美的信中写道：思成刚进家门时，风尘仆仆，面带憔悴，养了几天，变得雄姿英发。梁启超很高兴，孩子身体健康，他总算放了心。而"新娘子非常大方，又非常亲热，不解作从前旧家庭虚伪的神容，又没有新时髦的讨厌习气，和我们家的孩子像同一个模型铸出来。所以全家人的高兴，就和庄庄回家来一般，连老白鼻也是一天挨着二嫂不肯离去"。他真的把林徽因当成了自己的"新女儿"。

致梁思顺书，1928年5月13日

顺儿：

昨日电汇美金八千，又另一电致思成，想皆收。

……

你在外太刻苦，令我有点难过，能得些贴补，少点焦虑，我精神上便增加愉快。

此信到时，计算你应该免身了①，我正在天天盼望平安喜电哩。你和忠忠来信，都说"小加儿"，因此我已经替他取得名字了，大名叫做"嘉平"，小名就叫"嘉儿"，不管是男是女，都可用（若是男孩，外国名可以叫做"查理士"）。新近有人送我一方图章，系明末极有名的美术家蓝田叔（《桃花扇》中有他的名字）所刻"嘉平"两字②，旁边还刻有《黄庭经》五句③，刻手极精，今随信寄去，算是公公给小嘉儿头一封"利是"④。

……

---

① 免身：分娩。
② 蓝田叔：蓝瑛（1585—约1666），字田叔，号石头陀等，钱塘（今浙江杭州）人。明末清初画家。《桃花扇》：传奇剧本，清孔尚任作。
③《黄庭经》：又名《老子黄庭经》，道教经典。
④ 利是：广东人称红包为利是或利市，寓意吉利。

看你们来信，像是觉得我体子异常衰弱的样子，其实大不然。你们只要在家看见我的样子，便放下一千万个心了。你们来信像又怕我常常有忧虑，以致损坏体子，那更是误看了。你们在爹爹膝下几十年，难道还不知爹爹的脾气吗？你们几时看见过爹爹有一天以上的发愁，或一天以上的生气？我关于德性涵养的工夫，自中年来狠经些锻炼，现在越发成熟，近于纯任自然了 ①。我有极通达、极健强、极伟大的人生观，无论处何种境遇，常常是快乐的，何况家庭环境，件件都令我十二分愉快。你们弟兄姊妹个个都争气，我有什么忧虑呢？家计虽不宽裕，也并不算窘迫，我又有什么忧虑呢？

……

五月十三日　爹爹

……

【解析】

女儿思顺又要生外孙了。由于北洋政府开不出周希哲的工资，思顺一家在加拿大的生活有些清苦，梁启超把自己可支配的现金都交给思顺，分担她生活的焦虑。他鼓励女儿女婿清白自守，不过为人父母始终不舍得孩子真的吃苦。书信漂洋过海有一段时间，梁启超计算信到的时候，应该是思顺的预产期。他天天盼望着母子平安的电报，给孩子想好了名字，因为生在加拿大，大名叫"嘉平"，小名叫"嘉儿"，男孩女孩都可以用。

---

① 纯任自然：消除世俗强加的束缚，顺应自然规律。

"嘉"是美好吉庆，"平"是安宁平安，就像他给思顺取的名字一样，平安顺利是最好的。作为外公的梁启超，还给未曾谋面的小外孙准备好了礼物——明末著名画家蓝瑛的一方印章，印文就是"嘉平"，对孩子的祝福，可想而知。

1928 年是梁启超人生中最后一个完整的年头。他此时身体已经不太好，却在信里宽慰女儿说："你们觉得我身体虚弱，其实不是这样的，等到你们回家见到我就放心啦！"他让孩子们不要担心他心情不好，损害身体，于是大大地"自我吹嘘"了一番，生怕孩子们不觉得他身心强健。

梁启超的一生，经历了中国近代社会转型的大变革时期，见证过民族屈辱，经历过刀光剑影，见识过人心险恶，饱尝过颠沛艰苦，还曾开眼看过世界，但正像他"自夸"的那样，他的一生，是通达、自然而快乐的。他知道眼下利弊有时与道德相悖，所以他虽然有机会"稍自贬损"换取安逸富贵的生活，却始终选择更崇高的人生。在他人生的最后一年时间里，他仍抱持这样的人生观生活。梁思成回忆起他的父亲，说父亲的人生观"以不忧不惧为宗旨"。这就是梁启超不忧虑的原因，因为这种人生观已深深地烙印在他的骨子里。